A
Busca
do
Triunfo

Autor: Edgar Farinon

Aviso ao Leitor

Este não é um livro motivacional. Não foi escrito para entreter, consolar ou sustentar expectativas vazias. Ele foi estruturado como um percurso. Um percurso que exige leitura ativa, responsabilidade pessoal e decisão.

Se você procura atalhos, fórmulas rápidas ou validação emocional, este livro não foi feito para você.

A leitura a seguir não promete resultados se você não tiver postura. Continue apenas se estiver disposto a assumir o que descobrir ao longo do caminho.

O Pacto

Ao seguir adiante, você aceita que:

*Nenhuma circunstância será usada como desculpa;
*Nenhuma decisão será terceirizada;
*Nenhum conceito será ignorado por conveniência.
Este livro não acompanha quem lê pela metade.
Prosseguir é uma decisão. Permanecer igual, depois disso, também será.

Índice

Informações profissionais do autor	Pag. 6
Introdução	Pag. 8
Capítulo I - Fé, a chave do sucesso	Pag. 10
Capítulo II - O futuro de cada ser depende de suas ações no presente	Pag. 17
Capítulo III - A primeira grande responsabilidade	Pag. 25
Capítulo IV - A grande descoberta	Pag. 31
Capítulo V - O cão de raça pura	Pag. 38
Capítulo VI - O valioso diamante	Pag. 61
Capítulo VII - A muda da árvore mais nobre	Pag. 88
Capítulo VIII - A abelha-operária	Pag. 110

Capítulo IX - O grande líder   Pag. 125

Epílogo - O ser humano bem-sucedido   Pag. 162

Nota editorial   Pag. 177

Bibliografia   Pag. 1178

Informações profissionais do autor

Professor e Palestrante Edgar Farinon foi: Diretor de rede do Instituto CCAA e responsável pelo treinamento de pessoal nas unidades, nas áreas de metodologia, gerenciamento, marketing, secretaria e vendas. Participou de vários cursos ministrados pela Geapo no Rio de Janeiro, Joinville e Curitiba e pelo Grupo Waldir Lima no Rio de Janeiro, Foz do Iguaçu, Cascavel e Florianópolis nas áreas de administração, financeira e vendas. Atuou como gerente de treinamentos na formação de profissionais nas áreas de ensino, vendas e gerenciamento pelo Grupo Outstanding em Curitiba, sendo também palestrante e responsável pelo treinamento de assessores e supervisores na área de vendas. Foi gerente geral do Grupo E-Commerce, foi responsável pela condução e treinamento de equipes e na formação de assessores, consultores, supervisores e gerentes nas áreas de vendas, administração e pedagogia.

Atualmente atua como palestrante e professor nas áreas de motivação, mentalidade, brainstorming, vendas, gestão de pessoas e áreas afins e é coach na Amazon do Reino Unido.

Foi professor de oratória na Universidade Univille em Joinville, Brasil.

Atualmente está desenvolvendo a formação de uma franqueadora de cursos profissionalizantes com projeto inicial de vendas na América e Europa e paralelamente disponibiliza tempo para ministração de palestras e demais treinamentos no Brasil e no mundo.

Já prestou serviços para grandes empresas como: Banco do Brasil, Besc, Univille, Igreja de Jesus Cristo dos Santos dos Últimos Dias, CCAA, SRE e outras.

Morou no Brasil, Itália e, desde 2019, no Reino Unido. Já visitou a Irlanda, Escócia, França, Bélgica, Luxemburgo, Suiça, Austria, Eslovênia, Paraguai e Argentina, visando seu aperfeiçoamento cultural e profissional.

Fevereiro de 2026

Edgar Farinon

Introdução

Por um período de quatro anos pesquisei e pus em prática as técnicas nesse livro citadas e delas fiz o alicerce de uma vida de sucesso.

Se analisarmos mais profundamente os grandes nomes da humanidade, descobriremos que estes também as utilizaram em suas vidas e que os grandes vencedores foram e são pessoas que muito leram e aprenderam com experiências alheias.

Gostaria de salientar que somos seres imortais e nosso poder é ilimitado. Só falta aprendermos a usá-lo.

Abordo a capacidade humana tanto no progresso material quanto no espiritual, contando uma estória que indubitavelmente pode se passar contigo, comigo, com cada um de nós. Ela fala da vida de um personagem chamado Dhay, numa estória fictícia mesclada com verdades eternas.

Os poderes atribuídos aos principais personagens são ficção, porém todos os ensinamentos são reais e, se aplicados, te tornarão um ser humano de sucesso.

No decorrer dela você aprende técnicas de relações humanas, que lhe ajudarão a progredir e ter sucesso pleno, tanto material quanto espiritual. Enfim se você busca riquezas, realização pessoal e profissional, felicidade, etc., aprenderá como conquistá-las.

Aqui você encontra o segredo do sucesso e verá que não há nada de complexo nisso, porém terá que pôr as técnicas aqui citadas em prática. Terá que ser valente e afastar todo o temor do ser. Então vencerá!

Este livro é dedicado a você que, como eu, ainda ousa sonhar e não se acomoda, mas luta com determinação para realizar teu sonho.

Procurei, no decorrer deste livro, seguir uma linha de estudo atual, para que você aprenda de uma maneira nova, diferente e agradável o complexo mundo do ser humano em todas as suas manifestações físicas e psíquicas, fazendo-o(a) entender melhor a si próprio(a) e aos seus semelhantes para assim enfrentar a competitividade ora existente no mercado de trabalho, para com melhor habilidade chegar com vantagem neste grande desafio.

Capítulo I

Fé, a chave do sucesso

16 de setembro de 1964 (8:30 h).

Francisco Beltrão, Paraná, Brasil.

Um dia como qualquer outro, mas muito especial para um jovem casal. Ulisses e Lúcia são pais pela segunda vez. Nasce um lindo bebê. Seu nome: Dhay.

Cinco anos mais tarde.

O filho pergunta:
– Pai, de onde viemos?

– Você é daqui mesmo! Eu e tua mãe viemos do Rio Grande do Sul.
– Não, pai! Antes de nascer!
– Ah! Da barriga da mamãe... Você...
– Pai, antes, bem antes...
– ...

O tempo foi passando e Dhay, sempre cheio de curiosidades.
– Mãe, quando eu crescer vou ser astronauta.
– Que bom, filho!
- Vou para a lua, como os americanos! Aí vou ver Deus lá, no céu!
– Filho! Deus não se pode ver...
– E nós somos filhos?
– Sim! Por isso ele sempre ajuda quando pedimos.
– Ele sempre ouve a gente?
– Sim, filho.
– Por isso que lavando as feridas na água benta da bica elas saram?
– Sim, filho! Ao que crê tudo é possível.
– Até ser astronauta?
– Sim! Até ser astronauta!
– Como faço para pedir ajuda a Deus?
– Peça com real intenção e o Espírito Santo testificará que foi ouvido e se receberá ajuda ou não. Mas lembre-se, seja sempre honesto. Se fores injusto, Deus se afastará de ti e não o ajudará.
– Se eu pedir para voar como um pássaro, ele me fará voar?
– Só se não tiver nem um pouquinho de dúvida.
– Por quê?
– Porque nosso Pai Celestial nos fez poderosos. Através da fé, tudo podemos.
– Que legal!

Os anos foram passando e Dhay foi crescendo em estatura e conhecimento.

Dhay estudava muito, pois sabia que **ninguém pode crescer sem se aperfeiçoar.** Para ser comerciante, a primeira coisa a aprender é calcular, depois saber tratar bem os clientes, depois... **Especialização, este é um dos segredos do sucesso profissional.** Se soubermos todos os macetes da profissão poderemos fazer nosso negócio crescer e, se não soubermos, iremos falir ou ficaremos sempre pequenos.

Quando alguém cresce rapidamente, muitos dizem: "O fulano está roubando bem". Muitas vezes está mesmo, mas outras o fulano é especializado no que faz e este é o principal segredo do seu sucesso profissional. **Conhecer o próprio negócio profundamente é primordial,** explicava o Senhor Ulisses para seu filhinho Dhay.

Lúcia adorava contar estórias para seus filhos e certo dia explicou a Dhay que Deus falava aos homens através de sonhos.

Ele ficava fascinado com as histórias bíblicas.

Aquilo tudo parecia ficção, mas acreditava, pois como podia ser mentira se sua mãe contava que, com a água da bica da gruta no morro do calvário (ponto turístico de Francisco Beltrão), Deus curava as feridas. Ele então ia lá com os ferimentos inflamados e os lavava e no dia seguinte só restavam as cicatrizes.

Claro que as histórias bíblicas que sua mãe contava eram verdadeiras!

Cada dia, mais Dhay imaginava receber um anjo em sonho, falar com Jesus Cristo ou ir para a lua e até sonhava em voar. Certo dia teve um sonho e neste sonho ele estava em um lugar conhecido, porém nunca lembrou onde era. O local era uma elevação com um casarão de madeira e havia uma festa. Era noite e de repente ele abriu os braços, como um pássaro abre as asas, e resolveu ir para casa voando! Ele afirma que a sensação era gostosa e que gostaria de sonhar de novo, mas nunca mais o sonho se repetiu.

Anos mais tarde, Dhay entenderia que aquele sonho representava seu crescimento espiritual e material. Ele se tornaria grande entre os homens.

O local desconhecido representa que **não importa onde estamos, podemos progredir em qualquer lugar,** basta sabermos a maneira certa. O lugar alto significa que **devemos estar atentos para fazer as escolhas certas** na vida. O casarão representa a simplicidade e a festa, a alegria da concretização. Isso significa que algo simples pode ser a chave para a concretização de um sonho. Geralmente **as coisas são simples, mas o homem não acredita no simples e sempre dá um jeito de complicar, afastando-se assim do caminho da prosperidade.**

Ulisses contou a Dhay uma história verídica: certo dia um homem humilde resolveu montar uma barraca de cachorro-quente com uma lona que servia de teto e duas rodas de bicicleta para locomovê-la. Era tipo um carrinho de picolés, só que maior e com teto. Foi para a Júlio Assis Cavalheiro (avenida principal de Francisco Beltrão), embaixo da aba de um prédio, para que as pessoas pudessem se abrigar da chuva e do sol. Ele trabalhava mesmo que estivesse chovendo torrencialmente. Este é outro segredo do sucesso: **Devemos trabalhar árduamente.** Resumindo, lá estava ele, vendendo cachorros-quentes de dia e de noite. O Sr. Ulisses olhou para aquilo e pensou: jamais ele me venderá um cachorro-quente! Não tem nem água corrente! Só que a juventude não pensava como ele e começou a se reunir para se abrigar do sol durante a tarde
e para conversar à noite. Virou ponto de encontro. Sentavam na escadaria do prédio e conversa vai, sanduíches e refrigerantes vêm...

Os jovens motoristas da cidade também gostaram da ideia e começaram estacionar os carros ali em frente, no amplo estacionamento da avenida. Gatinha do lado e Rock'n'Roll e surgiu a mulher do sanduicheiro. Agora se serviam sanduíches também nos carros. Virou moda. Outras barracas de cachorro-quente surgiram, porém, quando os concorrentes apareceram o pioneiro no negócio já tinha um bom dinheiro. Alugou um local, pequeno por dentro, assim o aluguel era barato, mas com uma área livre grande na frente. Transformou aquilo tudo em lanchonete, cobriu a área descoberta e encheu de mesas. Colocou um grande luminoso em frente e continuou servindo nos carros e aceitando que a galera sentasse no muro da frente. Enfim, atendimento do jeitinho que cada cliente preferia. Hoje o Sr. Ulisses é cliente, pois agora ali há água corrente. Ficou rico! Os concorrentes chegaram tarde, pois a clientela preferiu o novo local, era mais aconchegante, servia na mesa, no carro, no muro, na calçada... Opção para todos os gostos.

Um belo exemplo de como o simples se tornou um grande negócio e de como fazer a escolha certa.

Voltemos ao sonho: "Ele abriu os braços" quer dizer: buscou um meio de crescer, não se acomodou. "E voou" quer dizer que ele cresceu espiritual e materialmente. "E foi para casa" significa que ele alcançou a realização. "Era gostoso" significa que, seguindo os impulsos interiores, seremos felizes. "Gostaria de sonhar de novo" significa que deixamos passar as oportunidades e nos arrependemos mais tarde, portanto devemos ser cuidadosos em nossas decisões. "Nunca mais sonhou" (aquele tipo sonho) significa que temos muitas chances na vida, mas cada chance é única, não se repete. Você pode pensar que sim, mas te digo que você pode ter chance similar em momento diferente, mas não é a mesma. Uma vez perdida, se foi.

Imagine uma planta em região de seca. Chove depois de um longo tempo, a planta já está quase morta, então se recupera, vem a segunda chuva três meses depois e a planta está agora totalmente restabelecida. Analisemos a situação da seguinte forma: chove depois de um ano, porém apenas nas proximidades, assim a planta não recebe a primeira chuva, vem então a segunda chuva e a planta a recebe (é a segunda oportunidade, que também muitas vezes é perdida, por certas pessoas), porém já está muito debilitada e a planta nunca mais volta a ser a mesma, independente de quantas chuvas caiam futuramente. Resumindo, **cada chance é única, não a perca!**

Dhay, que era fascinado por aprender, passou a ler tudo que imaginava que lhe pudesse trazer algum conhecimento e descobriu algo: **nem sempre o que decidimos buscar em um determinado momento é o melhor para nós.** Pôs de lado a idéia de voar para a lua e decidiu explorar a mente humana. Um universo bem mais complexo.

Ele não sabia, mas era o Espírito Santo, seu irmão da vida pré-terrena, lhe soprando nos ouvidos o que fazer. Ele neste dia descobriu a chave do sucesso em Tiago: 1:5-7: **"Se algum de vós tem falta de sabedoria, peça-a a Deus, que a todos dá liberalmente e o não lança em rosto, e ser-lhe-á dada. Peça-a, porém, com fé, não duvidando...".**
A partir daí, Dhay passou a pedir a Deus sobre tudo. Agora estava no caminho certo.

Pontos a Ponderar

– A fé é a chave do sucesso.
– Ninguém pode crescer sem se aperfeiçoar.
– Especialização, este é um dos segredos do sucesso profissional.
– Conhecer o próprio negócio profundamente é primordial.
– Não importa onde estamos, podemos progredir em qualquer lugar.
– Devemos estar atentos para fazer as escolhas certas.
– As coisas são simples, mas o homem não acredita no simples e sempre dá um jeito de complicar, afastando-se assim do caminho da prosperidade.
– Devemos trabalhar arduamente.
– Cada chance é única, não a perca.
– Nem sempre o que decidimos buscar em um determinado momento é o melhor para nós.
– Se algum de vós tem falta de sabedoria, peça-a a Deus, que a todos dá liberalmente e o não lança em rosto, e ser-lhe-á dada. Peça-a, porém com fé, não duvidando. (Tiago: 1:5-7).

Capítulo II

O futuro de cada ser depende das ações do presente

Certo dia Dhay aprendeu uma das mais importantes lições? **Tudo o que irá acontecer de bom ou ruim em nossas vidas depende exclusivamente das ações do presente.**
Dhay estava em casa com as amídalas inflamadas, resfriado e ainda com a mão destroncada e se queixou para seu pai:
— Pai, não acho justo que tudo aconteça ao mesmo tempo: resfriado, amídalas, a mão destroncada. Essa vida é injusta...
— A quem você atribui tudo isso? Perguntou o Senhor Ulisses.
— Sei não. Só sei que não mereço.

– Filho! Merecemos tudo aquilo que sobrevem a nós através de nossas ações.
– Sim, mas não sou culpado disso. Nada fiz para merecer tal castigo.
– Filho! Não é castigo. **Tudo que nos advém serve para podermos progredir.** Você é o responsável, não o culpado. Não há culpados nisso, mas realmente você é o responsável. Voltemos ao passado. Você estava dentro de casa tomando um copo de cevada quente e comendo uma fatia de pão, quando de repente veio aquela chuva forte de verão, teu corpo levou aquele choque térmico no momento que você decidiu tomar banho de chuva. A reação do calor com o frio, provavelmente lhe causou o resfriado e a inflamação das amídalas, se você tivesse pedido permissão, isso lhe teria sido explicado, evitando assim estes dois problemas. Com relação a sua mão, se você não tivesse ido brincar na construção; que não é lugar de brincar, não teria caído e torcido o pulso.
– Lá vem o pai...
– É sério, filho! Tudo que irá acontecer é consequência de alguma ação.
– Sempre?
– Sim. E às vezes traz consequências para os outros também; mas o principal responsável pelo nosso futuro somos nós mesmos.
– Poderia explicar melhor?
– Tomemos o exemplo de uma nação, tanto com efeitos coletivos, como individuais. O que você acha que acontecerá se todos os políticos e a população do Brasil se empenharem em trabalhar pelo país?
– Sem a corrupção e com todos os políticos e população trabalhando pelo Brasil, seríamos uma nação próspera.
– Certo! Assim a riqueza viria no futuro e não seria imediata. Na verdade, algumas coisas acontecem quase de

imediato, mas mesmo assim é futuro. O segundo seguinte, é futuro!
— É...
— Tomemos outro exemplo. O que aconteceria se o Brasil começasse guerrear com outras nações?
— Viria a morte, sofrimento, miséria...
— Isso seria consequência da ação de um líder. Até aqui falamos de efeito coletivo, vamos individualizar. Tomemos os mesmos exemplos. Quais poderiam ser as consequências para o presidente que guerreou com outras nações?
— Ruins. Talvez seja assassinado, preso ou deposto, mas com certeza todos o odiarão.
— E se ele e sua equipe transformarem o Brasil num país mais rico e próspero?
— Seria um herói e, como tal, entraria para a história.
— Vou lhe contar uma história verídica. Certo dia um rapaz começou a sair com drogados. Ele não era drogado. Com o passar do tempo, porém, começou a usar drogas e certo dia, em uma batida policial, ele foi preso portando cocaína. Sua pena! Quatro anos.
— É! Ele procurou pelo castigo!
— Sim. Mas isso foi o efeito direto. Além disso, ele contraiu AIDS.
— Como, pai?
— Em uma briga com um aidético, na prisão. Ele não quis brigar. O fulano começou a agredi-lo e ele se defendeu como pôde. Ferimento de um em contato com o do outro e o vírus se alojou em seu corpo.
— Pai, isso não foi culpa dele. Ele não quis brigar...
— Sim, mas se ele não tivesse se envolvido com drogas, não teria sido preso, não teria brigado com o aidético e consequentemente não teria contraído o vírus e ainda poderia estar vivo.
— É mesmo! Não havia pensado nisso!

– A maioria das pessoas não sabe que **uma simples ação pode mudar uma vida toda.**
– Interessante.
– Deixe-me contar mais uma história.
– Tudo bem.
– Certo dia, um rapaz foi convidado para trabalhar de auxiliar de pintor de paredes. Ele aceitou. Ganhava uns míseros cruzeiros (moeda brasileira na época). Certo dia seu patrão o levou para pintar uma escola de inglês. Ele acabou se interessando pelo idioma e assim que pôde começou a estudar. Era um dos melhores da turma. Sua professora, certo dia, lhe ofereceu uma turma para ensinar. Ele topou e assim aprendeu as primeiras técnicas de ensino. Algum tempo depois, mudou-se para a cidade de Joinville, Santa Catarina. Chegando lá, não conseguiu emprego de pintor. Apelou para as aulas de inglês. Viva! Conseguiu emprego de professor em uma escola de idiomas! Alguns anos mais tarde montou seu próprio estabelecimento de ensino. Agora pergunto, como tudo começou?
– Com uma proposta para aprender a pintar.
– Na verdade, antes. Começou com a idéia de ir ao bar da esquina comprar um refrigerante. Lá encontrou seu futuro patrão. Mas deixe-me continuar a história. Após montar sua própria escola, ele viajou para os Estados Unidos e outros países. Tudo porque resolveu ir ao bar comprar refrigerante.
– Na verdade, tudo aconteceu por acaso.
– Discordo. Ele podia ter recusado o trabalho ou se aceitasse, podia não fazer o curso de inglês ou fazer e não se dedicar. Desta forma, não estando apto a assumir sua primeira turma ou ainda não aceitar a primeira turma, etc.
– Tenho que concordar novamente.
– Aconteceram dois fatos importantes. O primeiro, foi quando, por acaso, encontrei um amigo que viveu no Paraguai. Falei-lhe algumas palavras em espanhol e ele

respondeu no mesmo idioma. Perguntei então com que estava trabalhando e ele respondeu que estava dessem--pregado. Sugeri que desse aulas de espanhol em alguma escola de línguas. Ele disse que não sabia dar aulas. Explanei que as escolas dão cursos de treinamento antes do professor entrar em sala e que sabendo falar espanhol bastava. Seus olhos brilharam! O futuro deste amigo não sei, mas talvez aquele encontro comigo lhe tenha assegurado um futuro próspero, porém tudo dependerá das decisões que ele tomará.
– E o outro fato, qual é?
– É a história de um desanimado. Infelizmente esta também é verídica. Aconteceu com um amigo meu. Ele era o típico desanimado. Sempre que o via e lhe perguntava como estava, ele dizia: "Mal, muito mal, nada dá certo". Na verdade, as coisas não estavam boas para ele, mas o problema é que ele não fazia nada por si próprio.
– O que quer dizer?
– Naquela ocasião ele havia conseguido um emprego de vendedor de filtros. Foi à luta. Só tinha um problema: chegava nos estabelecimentos com fisionomia triste e cansada. Transmitia negativismo para as pessoas; não conseguia cativar os clientes, pelo contrário, todos tratavam de se livrar logo dele, talvez o fizessem inconscientemente. Certo dia ele me disse que ia parar de vender filtros porque há uma semana estava tentando e não havia vendido um único sequer. Parou! Seu chefe, morador de Pato Branco, uma cidade vizinha e coincidentemente meu amigo, naquela semana me visitou e contou sobre a história do dito vendedor. Eu já conhecia o fato, mas me calei. Então ele, um sujeito todo alegre, falou que ele próprio iria vender nesta cidade, pois não acreditava que não pudesse haver um único cidadão na cidade de Francisco Beltrão que não estivesse precisando de um filtro. Eu, que não havia comprado do amigo desanimado, acabei

comprando dele, depois que ele, com alegria e demonstrando amor pela vida e pelas pessoas, me transmitiu um sentimento de paz e alegria, me explicou os detalhes do funcionamento do filtro e as vantagens de beber água filtrada, além das desvantagens de beber água sem filtrar, etc. Coisa que o vendedor "desanimado" não havia nem pensado em me explicar. Ele nem sequer me ofereceu um filtro. Já que tudo isso não bastou para convencer-me a comprá-lo, ele me deu um desconto. Comprei o filtro! Bom, já havia vendido o primeiro. Partiu de minha casa e voltou três horas depois, para o almoço e já tinha vendido quatro em uma única empresa que visitou, uma das que o desanimado havia visitado, sem ter vendido nenhum. Resumindo, é necessário transmitir alegria, mostrar amizade e amor para com os clientes. Também vale lembrar algo mais que ele fazia, que é de suma importância: **gastar quantos minutos forem necessários conversando sobre outros assuntos, conforme a satisfação do cliente.** Por outro lado, às vezes é necessário **ser breve, para não tomar o tempo que o cliente, na verdade não dispõe, neste caso é necessário abordar o assunto de forma breve e bem objetiva.**

– O professor comentou sobre esse assunto. Disse que **nós devemos sempre irradiar alegria, este é um dos grandes segredos para cativar pessoas.**

– Certo casal, depois de alguns anos de casamento, viu este ruindo. Pude analisar a situação bem de perto, sempre que o marido procurava a esposa para um carinho, ela repetia: "Agora não posso, me deixa fazer o serviço" ou "agora estou com sono e cansada", etc. O marido se cansou e divorciou-se e hoje vive feliz com outra que lhe dá carinho e valoriza o que ele faz. Ao contrário da primeira, que, por mais que o marido se esforçasse, só achava defeitos no mesmo.

Ele no que lhe concerne, teve sua parcela de culpa, mas a falta de amor foi o motivo principal para que o casamento ruísse.

E aí, filho. O que me diz?

– Sei lá. Não sei o que dizer!

– Este é outro segredo!

– O quê?

– Ouvir.

– ...

– Quando ouvimos os outros, aprendemos e assim progredimos.

As pessoas que falam muito normalmente não ouvem e são pessoas com um ponto de vista muito limitado, se perdem em gabolices tentando ser admiradas pelo que dizem ter feito e acabam se tornando chatas e sem muito valor para os outros, além de aprenderem muito pouco. Lembre-se: **O maior sábio é quem ouve, sendo humilde para aprender com experiências alheias.**

Pontos a ponderar

– Tudo o que irá acontecer de bom ou ruim em nossas vidas depende exclusivamente das ações do presente.

– Tudo que nos advém, serve para podermos progredir.

– Uma simples ação pode mudar uma vida toda.

– Devemos saber gastar quantos minutos forem necessários falando sobre assuntos variados, conforme a satisfação de nossos clientes. Porém, muitas vezes é necessário ser breve para não tomar o seu precioso tempo. Aja com discernimento.

– Devemos sempre irradiar alegria, mostrar amor e amizade para com o próximo. Isto é muito importante para cativar as pessoas.

– O maior sábio é aquele que ouve e é humilde para aceitar e aprender com experiências alheias.

Capítulo III

A primeira grande responsabilidade

Sete anos mais tarde

– Mãe, estou tão preocupado. Meu primeiro emprego! Tenho medo de não conseguir!
– Filho, nunca desanime. **Tudo se pode quando se quer.**
– Tenho medo de fazer algo errado e o chefe não gostar.
– Ele sabe que é seu primeiro emprego. Não se preocupe. Porém, vou lhe dar algumas dicas:
1 – **Ouça tudo e só fale o necessário e o que sentir ser útil.** Isso lhe trará respeito. Nós somos julgados pelo que dizemos e principalmente pelo que fazemos. Quando

agimos e falamos de maneira certa, as pessoas passam a nos admirar, mas isso leva tempo. **Uma vez conquistado o respeito, podemos perdê-lo por uma única ação ou palavra.** Veja esse exemplo: um funcionário trabalhou sua vida toda de maneira certa; ele só fez seu dever, poucos são os que isso irão valorizar, porém, se em determinada situação ele cometer uma falha grave, talvez num momento de nervosismo, diz algumas palavras rudes para seu superior, este talvez não demita o funcionário, mas talvez jamais o veja com os mesmos olhos. Tudo de bom que ele fez já nada vale e este passa a ser considerado um mau funcionário. Lembre-se que uma boa ação passa geralmente despercebida, mas um único erro pode jamais ser esquecido. Lembro-me de um fato curioso no colégio. Sempre fui uma ótima aluna, porém um dia houve um desentendimento e eu disse algumas palavras rudes para a coordenadora. Hoje, como você sabe, sou uma empresária conceituada, porém aquela coordenadora, hoje diretora, me recebeu muito mal e perdi um negócio que meu concorrente acabou fechando, só porque cometi o erro de perder a calma uma única vez na adolescência, naquele colégio. Esta coordenadora esqueceu todos os dias, minuto após minuto de obediência que lhe prestei durante todos os anos que lá estudei.

2 - O verdadeiro líder não perde a calma jamais.

– Mas mãe, líder é líder. Manda quem pode e obedece quem precisa.

– Errado! **O verdadeiro líder tem calma, é cortês e disciplinado, porém firme nas ordens.** Deve dar as ordens e sempre cobrar a execução das mesmas, porém com sensibilidade, sem grosseria. Desta forma o empregado se sente no dever de obedecer e respeitar o "chefe legal!" **Muito importante também é sempre manter o horário** e isso se aplica a todos, independente de função. Se o empregado começa a chegar atrasado, o patrão passa a não mais simpatizar com ele. Isso dificulta para receber uma promoção. Portanto, tente nunca se atrasar. **Porém, se você se atrasar, não arrume desculpas, fale o real motivo do seu atraso.** A mentira será provavelmente descoberta e as desculpas são conhecidas dos patrões, que, com o tempo, as identificam facilmente. Veja as desculpas mais usuais que qualquer patrão conhece: algo relacionado com doença, (sua ou de alguém da família). Esta é com certeza a mais usada. O carro que quebrou, o engarrafamento, o ônibus que passou antes, ou não veio, etc. Pode até ser verdade, mas o chefe sabe que provavelmente é mentira. Seria melhor dizer: "Realmente sinto muito e gostaria de ser desculpado por não ter acordado no horário, etc.". Enfim, falar a verdade. Assim o patrão saberá que o funcionário foi negligente, mas pelo menos é honesto e de confiança, pois não é mentiroso. Por outro lado, o patrão deve cumprir com os seus compromissos perante o funcionário para dar um bom exemplo. Também deve fazer o máximo para não deixar outras pessoas esperando, pois o tempo, seja para um empresário, vendedor ou qualquer outro, é preciso e realmente significa dinheiro. Consequentemente, a pessoa que o aguarda sente-se gratificada se for atendida logo, sem atraso. Isso com certeza faz com que a mesma simpatize com quem a atendeu, por ser uma pessoa desembaraçada. Talvez isso aconteça inconscientemente, mas acontece. Para evitar transtornos é importante registrar tudo, desde compromissos, até valores combinados, etc. Assim, em caso de dúvida, você tem um registro detalhado da operação envolvida, não sobrando margem para dúvidas ou discussões. Também é importante programar o tempo para cada atividade, assim você pode usar sabiamente cada minuto de seu dia. Quando não programamos, acabamos perdendo tempo, não fazendo nada entre uma e outra atividade além de dedicar tempo a coisas menos importantes, por não lembrarmos em dado momento o que de mais importante temos a fazer.

Também devemos ter bom senso para sabermos até onde levar uma atividade sem trocar por outra. Às vezes estamos cansados com uma certa atividade e produzimos menos que o nosso potencial permite. Então é prudente fazer outra coisa e voltar aquele trabalho mais tarde, assim produziremos mais e não nos desgastaremos tanto, porém é necessário sermos sensatos, pois trabalho concluído é caso resolvido, portanto sempre temos que ter o cuidado de tentar levá-lo até o fim, pois deixar muitos trabalhos inacabados nos desgasta psicologicamente. Seja prudente nisso. Também devemos não trabalhar mais que nossas forças permitirem. Por exemplo: uma pessoa que não trabalha aos domingos e não se desgasta pensando em negócios nesse dia voltará ao trabalho mais descansado mentalmente. Outra coisa que nos causa estresse é o fato que, quando não nos damos tempo para descansar e fazer outras atividades, nosso cérebro acaba passando as 24 horas do dia raciocinando sobre o trabalho e isso é estressante.

– Como assim, mãe? E o tempo que dormimos?

– Vamos tomar um exemplo. Suponha que eu te levasse a uma exposição de cobras e lá, por acidente, dezenas delas escapassem e se espalhassem pelo salão e você estivesse lá no meio sem saber por onde sair, apavorado vendo as cobras se aproximando de você. Então quando tudo parece perdido, você vê uma janela e foge ileso.

– E daí?

– O que você acha que sonhará quando dormir?

– Terei pesadelos com cobras, aliás, verei cobras até ao fechar os olhos.

E se em uma viagem ao Rio de Janeiro você acabar namorando a garota mais linda da televisão?

– Casaria com ela!

– Sobre o que sonharia, gracinha?
– Sonharia com ela.
– Ok. O que quero dizer é que sonhamos com o que fazemos quando estamos acordados. Se não temos tempo para nada além do trabalho, sobre o que sonharemos?
– Sobre o trabalho e daí?
– O cérebro aceita o sonho como algo real. Quando em sonho, não temos a menor noção de estarmos sonhando. A preocupação e o cansaço mental acontecem como se estivéssemos acordados e trabalhando, ou seja, para o cérebro trabalhamos 24 horas por dia.
– Interessante...
– Algum tempo atrás eu estava à beira de um colapso nervoso, me sentia totalmente estressada, não sabia o porquê! Só sabia que ao acordar estava mais estressada que no dia anterior. Certo dia acordei no meio de um sonho pude lembrá-lo: eu estava atrás da mesa do escritório, com pilhas de papéis de contas e desesperada sem saber o que fazer. Nesse dia descobri que trabalhava dormindo! Mudei de atitude. Após sair do escritório, me recusava a pensar em negócios. Trazer trabalho para casa nos fins de semana, nem pensar. O que aconteceu foi que acabou o estresse e passei a produzir bem mais no trabalho e encontrar soluções para os problemas com mais facilidade.

Pontos a ponderar

– Tudo se pode, quando se quer.
– Ouça tudo e só fale o necessário e o que sentir ser útil.
– Podemos perder o respeito das pessoas por uma única palavra ou ação.
– O líder nato não perde a calma jamais.
– O verdadeiro líder deve ter calma, ser cortês e disciplinado. Porém, firme nas ordens.
– Devemos sempre manter o horário, porém. se nos atrasarmos, devemos falar o motivo real do atraso, pois assim seremos reconhecidos pela nossa honestidade.

Capítulo IV

A grande descoberta!

— Dhay, ouça o que vou dizer!
— Quem está falando?
— Venho de um mundo espiritual para lhe trazer algo que mudará tua vida!
Dhay, apavorado com a voz, tenta fugir, mas seus membros não respondem aos seus desejos.
— Não tenhas medo! Sou teu amigo! Não te farei mal!
— Por qual razão não te vejo?
— Porque tenho o poder de me ocultar aos olhos humanos.
— Então apareça, por favor, para poder te ver!
— Aqui estou eu!
— Bem, pelo menos você tem cara de gente, não é verde e não tem orelhas pontudas!

– Ouça com atenção a mensagem que tenho para te passar
– !?
– Todo o poder está dentro de ti, basta buscá-lo e moverá montanhas com o pensamento, se assim o quiser. Todos podem, basta saber como!
– !?
– Todos somos filhos de Deus e detemos o poder dos deuses dentro de nós.
– Não entendo o que você diz! Que deuses? Que poder?
– Fomos criados {a imagem e semelhança de Deus e assim temos o poder divino dentro de nós. Basta aprender a usá-lo.
– Como posso aprender isso?
– Para isso eu vim! Vou te transmitir a chave do poder ilimitado. Essa chave tem um nome que expressa exatamente o que ela é! A fé!
– Fé!?
– Pela fé todos fomos criados. Pela fé o mundo existe e o universo se move e vive em harmonia. Pela fé Moisés abriu os mares e pela fé Jesus Cristo curou os enfermos. Sim. "Ao que crê tudo é possível". (Marcos 9:23).
– Mas, fé em quê?
– No poder divino. Crês que posso desaparecer?
– Sim. Eu vi você aparecer, então deve poder desaparecer.
– "Porque viste! Creste! Feliz quem crê sem ver"! (João 20:29). Pois assim, só assim terás o poder total, que se resume em explorar 100% de teu cérebro.
– Estou aqui para te ensinar a conquistar o poder ilimitado.
– Como faço isso?

– Pela fé, lembra-te? O que crê tudo pode! Agora devo ir.
– Espera. Eu...
Aquele ser iluminado havia partido e Dhay lá estava sem entender o que aconteceu. Como poderia obter a fé? Como fazer tudo? E o que significava "tudo"?
Dhay pensou em começar movendo um copo, com o pensamento. Hesitou. Talvez uma pena... não pesava tanto. Olhou fixamente para uma pena e ela se moveu e foi descansar suavemente no chão, mas foi movida pela brisa que soprou pela janela. Fracassou.
Dhay tinha um cravo no pé. Pensou; amanhã terá desaparecido. Três horas depois foi conferir se já havia começado a sumir. Dez minutos antes do novo dia, mais uma conferida. Nada. Desacreditou. Havia falhado na fé.
O fato de olhar para ver se o cravo estava sumindo já era por si falta de fé.
Chamou pelo ser que nem o nome sabia e nada. Pensou: "Não voltará mais". Falhou novamente na fé. Insistiu durante uma semana. Implorou, humilhou-se. Reconheceu que não tinha controle nenhum sobre a própria vida e que nem poder tinha para fazer o ser iluminado (assim ele o chamava) voltar. Por uma semana só pensou na promessa daquele ser. Chamou por ele e prometeu ouvi-lo com atenção e fazer tudo o que ele pedisse que fizesse. Reconheceu ser um simples mortal que nada sabia sobre sua própria vida, sobre o mundo que vivemos e muito menos sobre um único mundo espiritual sequer. Nem tampouco sabia como alcançar esse mundo espiritual e muito menos como se comunicar com o ser iluminado. Enfim entendeu que nada somos diante deste complexo universo em que vivemos. Diante de sua humildade, algum tempo depois ele voltou! Dhay havia vencido a primeira barreira: a humildade!
– Você vai bem, continue assim!

– Não posso mais esperar. Não consigo mover nem uma pena com meu pensamento.
– **A paciência é atributo dos deuses.**

Foi-se embora o ser iluminado, mais uma vez. Paciência era o próximo obstáculo. Aquilo estava se tornando um jogo. Dhay ficou impaciente. Fracassou, mas havia aprendido a humildade que possibilitaria a ele conquistar a paciência.

Alguns dias depois, andando pela cidade, deteve-se para ouvir um pastor de uma igreja evangélica. Com certeza não foi por acaso que parou! Algo interior o deteve! Ali aprenderia mais uma lição!

Dizia o pastor:

– O senhor tudo sabe! Nós temos que ser pacientes e esperar, pois tudo deve acontecer no seu devido tempo! **A impaciência e o pessimismo matam o ser humano espiritualmente. Manter-nos calmos nos mantém resistentes, pois o nervosismo nos desgasta espiritual e fisicamente.**

Também é necessário nos despirmos do velho homem, **abandonar velhos hábitos e tradições tolas. Tudo analisar e ver o que tem fundamento. Também devemos amar nosso semelhante como amamos a nós próprios. Isso fará bem aos outros e nos renderá muitos amigos.**

– Sim. Dhay havia entendido. Devia ter calma. Deixar velhos hábitos de lado, tudo analisar, amor ao próximo e persistência. Ele esperaria quanto fosse necessário pela volta do ser iluminado!

Seis meses se passaram e nada. Mas Dhay continuava esperando. Queria aquele poder que o ser lhe havia falado!

Três meses depois

– Oi, estou de volta. Esqueceu de me chamar?
– Não. Só achei melhor deixá-lo decidir quando seria a hora certa.
– Homem sábio. Venceu o segundo obstáculo, a paciência. Agora podemos começar a parte mais importante!
– Qual é?
– A inteligência! Precisa buscar os tesouros mais preciosos da terra!
– Que tesouros são esses?
– Por hora basta que saibas o primeiro. Deves plantar uma semente e deixá-la crescer uma planta forte!
– Se adquirirdes os tesouros, o poder ilimitado te será dado por recompensa.
– Isso é difícil! Impossível!
– Te darei as ferramentas para tudo conseguires.
– E quais são?
– Plante a semente e espere crescer uma planta forte.

Antes que Dhay pudesse dizer qualquer coisa mais, o ser iluminado havia desaparecido. Isso deixava Dhay cheio de impaciência, mas ele não tinha escolha, tinha que aceitar as regras. Não adiantava protestar.

Dhay acordou cedo e foi para o jardim, mas de súbito parou! Que semente? E para quê? Começou a analisar, devia plantar uma semente, mas não sabia a utilidade, porém, se o mensageiro não havia dito qual a utilidade, devia ser porque ele teria que decidir! Passou o dia todo refletindo sobre a situação. Devia plantar a semente e deixá-la crescer.

Passaram-se vinte e dois dias e Dhay ainda não tinha descoberto qual semente devia plantar.

Certo dia, passando em frente a uma loja de plantas, resolveu entrar e dar uma olhada e informar-se sobre a resistência e o tempo que cada uma levava para crescer. Espantou-se ao saber que algumas levariam o tempo de sua vida para se tornarem adultas e fortes, outras, menos tempo. Olhando um pé de lima, observou que ao seu lado crescia um pé de guaxumba. (Planta pequena com aproximadamente 30 cm de altura com fibras extremamente resistentes comuns no sul do Brasil).

Era isso. Esse era o pé ideal, cresceria em um ou dois meses e era muito resistente; é verdade que não era uma árvore, mas o ser iluminado não havia dito árvore e sim, planta!

Voltando para casa foi cuidando pelo caminho para ver se avistava um pé de guaxumba com sementes. Lá estava um, em um lote baldio. Cheio de sementes pretinhas. Escolheu uma que parecia a melhor e lá se foi. Pegou um copo descartável, encheu-o de terra adubada, depositou-a dentro e regou-a diariamente com uma pequena quantidade de água e logo uma plantinha começou a brotar. Três meses depois estava forte e crescida. Missão cumprida. Havia valido a pena ter paciência!

Pontos a ponderar

– A paciência é atributo dos deuses.
– A impaciência e o pessimismo matam o ser humano espiritualmente. Manter-nos calmos nos mantém resistentes, pois o nervosismo nos desgasta espiritual e fisicamente.
– Devemos abandonar velhos hábitos e tradições tolas. Tudo analisar e ver o que tem fundamento.
– Também devemos amar nosso semelhante e amar como amamos a nós próprios. Isso fará bem aos outros e nos renderá muitos amigos.

Capítulo V

O cão de raça pura

E agora, o que faria? Foi então que o ser iluminado lhe apareceu e lhe disse que teria que buscar o próximo tesouro, o cão autêntico. Mas como fazê-lo? Precisava de uma raça pura. Porém, estudando sobre os cães, descobriu que a maioria era originária da mistura de raças. Após conseguir uma lista de nomes de raças puras, despediu-se de seus pais e saiu pelo mundo à procura de seu cão.

Percorreu muitas cidades do Brasil e em Curitiba encontrou um mendigo barbudo e mal trajado. Deteve-se. Algo o atraía para aquele homem. Um belo contraste. Dhay de terno e o mendigo todo rasgado, porém limpo.

Disse o mendigo:

– Tua guaxumba continua crescendo. Deixe-a chegar ao céu e só então encontrará teu cão!

Assustado, deu um passo para trás e chocou-se com um senhor de bengala e bastante frágil. Este o desacatou, não admitindo o esbarrão. Dhay desculpou-se de todas as maneiras e, ao ver que não adiantava, calou-se e apenas ficou ouvindo o velhote xingá-lo, enquanto observava os curiosos a rirem dele que estava sendo humilhado em público: "Deixe estar, ele deve ter muitos problemas para se descontrolar dessa forma", pensou Dhay. E sentiu pena dele.

Virou-se para então perguntar ao mendigo como ele sabia da guaxumba. Deu-se conta então que ele havia sumido.

Seguiu em frente e, após longa e exaustiva procura, dois dias perdidos, seguiu viagem para Amambaí, Mato Grosso do Sul.

Por que foi para lá nem ele sabia, só sentiu que devia fazê-lo e em pouco tempo lá estava ele. Descobriu que lá havia um homem que vendia várias raças de cães, todos puros. Era tarde e resolveu dormir. Teve um sonho, e neste sonho ele era um fazendeiro que estava comprando gado zebu, para montar a maior fazenda de gado leiteiro do mundo. Acordou e pensou: "Sim, devo levar o cão daqui para Francisco Beltrão!" Virou-se para o lado e dormiu novamente. Sonhou o mesmo sonho e então um medo muito grande tomou conta dele quando ia assinar o cheque para comprar o gado. Acordou! Não conseguiu mais dormir. Sabia que tinha algo errado. Mas o quê? Já não tinha certeza se devia ou não levar o cão! Pensou pelo resto da noite e, já no clarear do dia, lembrou-se que zebu é gado de corte e não de leite. Entendeu então que seu cão não estava lá.

Dormiu tranquilamente a manhã toda, até o meio-dia e então pegou um avião que o levou a Brasília, Distrito Federal. Lá um policial o abordou, pediu-lhe os documentos e então lhe deu ordem de prisão.

– Mas, senhor policial, que foi que eu fiz?

– Cale-se! Este é seu único direito!

Na delegacia foi submetido a um interrogatório sobre um assalto a banco. Negou tudo, pois era inocente! Então, dois policiais o levaram ao banheiro, onde se defrontou com um vaso sanitário cheio de fezes. Foi lá que puseram seu rosto várias vezes. Mas ele não confessou o crime, pois não o havia cometido! Submeteram-no a uma série de choques elétricos. Quase o mataram. Implorar que parassem não adiantava. Nada confessou, contudo.

Veio então a vez do afogamento. Primeiro banho e uma voz superior mandou que parassem. Dhay então, sentindo-se protegido, reclamou dos maus tratos ao superior, que o mandou calar-se. Reclamou seus direitos e voltou para a tortura. Banho para refrescar! Tiraram-no depois de alguns segundos!

– Você conhece teus direitos?
– Sim, senhor!
– Vai recorrer a eles?
– Sim, senhor!
– Matem-no! E joguem-no no lago!
– Esperem! Não reclamarei nada. Deixem-me seguir meu caminho.
– Ah! Rapaz humilde! Se abrir a boca, morre!
– Está bem...
– Tome teu dinheiro e documentos e suma da cidade em doze horas. Está tudo aí ou falta algo?
– Faltam duzentos reais!
– Como?
– Tudo certo...
– Doze horas! Quer viver, não quer?

Aeroporto de Brasília

"Deves fazer com a cabeça e o coração!"

Dhay virou-se, mas não viu ninguém, não conseguiu identificar de onde veio a voz.

"Deves fazer com a cabeça e o coração!"

Agora a voz vinha de cima. Olhou, mas não viu ninguém.

– Entendi. O mendigo... a voz... O ser iluminado me guia!

– Que disse, senhor? – perguntou um senhor a seu lado.

– Nada. Nada...

Agora sabia, sem dúvida, que venceria!

Foi ao caixa eletrônico sacar algum dinheiro. Saldo 0,27 centavos! "Mas como? Impossível. Havia lá mais de 20 mil reais!"

O que Dhay poderia fazer agora? Foi para a agência de passagens e implorou por uma passagem, para qualquer lugar. Nada! O moço ameaçou chamar a polícia se ele continuasse insistindo.

Saiu do aeroporto e sentou-se em um banco de uma praça próxima dali e chorou amargamente. Então lembrou-se! "Fazer com a cabeça e o coração." Pensou, pensou e nada! Começou andar! Caminhou ao léu por quilômetros, até que finalmente passou em frente de uma casa, onde uma banda de Rock'n'Roll fazia ensaios! Um lindo som! Porém, a bateria saía do ritmo o tempo todo. Chegou, bateu e foi recebido por um velho barbudo e mal cuidado, porém muito educado.

– Sim!?

– Eu ia passando e, como sou músico e gostei da música, resolvi chegar só para dizer que gostei da música! Desculpe se estou sendo inconveniente...

– Não. Não está mesmo! É bom saber que alguém gosta de nosso som. Você toca?

– Sim! Bateria...

– Deve ter percebido que não temos baterista...

— Bem...
— Meu irmão tenta preencher o lugar até acharmos um substituto, mas como vê, não está fácil para ele!
— Pois é...
— Entre. Vamos ver o que sabe fazer...
— Está bem.

São Bernardo do Campo - São Paulo.

Dois meses depois

— Como sabem alguns empresários de bandas americanas e organizadores de eventos, estarão aqui hoje. Só vamos abrir o show das bandas grandes. Temos dez minutos, por isso, vamos dar o máximo. Tentem não errar. Talvez sejamos convidados a tocar lá fora!

Dez minutos depois

No palco

— Com vocês o grupo brasileiro "Brazilian Rock"!
A banda entra no palco e Pablo, o líder, apresenta o grupo.
— Na guitarra solo, Angus. Na base, Pablo. No baixo, Enzo. E na bateria, Dhay.
Dez minutos de som e a banda sai de cena para dar lugar às estrelas da noite.
Nos camarins, um empresário os espera para convidá-los a participar de um show beneficente em Salt Lake, Utah, Estados Unidos da América.
— Com a cabeça e o coração! É isso! Com a cabeça consegui um trabalho. Com o coração acharei meu caminho!
— O que disse, Dhay?

– Nada. Só pensei alto, esquece.

Salt Lake, Utah, Estados Unidos

– O show foi um sucesso! Não acham?
– Acho que sim, Angus.
– Vamos dar uma volta por aí, Dhay?
– Não. Vou resolver alguns negócios na praça do Templo.
– Que Templo?
– O Templo Mórmon. À tarde estarei de volta.

Dhay saiu então à procura de seu valioso cão, sem saber por que estava naquela cidade. Só sabia que usou a cabeça e arrumou um trabalho. Depois usou o coração e fez um show em benefício de pessoas carentes.

– Em frente ao monumental Templo Mórmon, cartão postal da cidade, Dhay fez uma prece ao Pai Celestial e sentiu seu peito queimar em alegria.

Foi então que alguém lhe tocou o ombro e o cumprimentou.

– Oi! Com licença?
– Sim?
– Adorei o show de vocês. Sou organizador de eventos e gostaria de contratá-los para uma tournée pelos Estados Unidos. Locais pequenos. Cidades sem muita importância. Mas rende uma grana alta. Aqui está meu cartão. Me ligue hoje à tarde e, a propósito, este Templo é uma beleza, não?
– Muito lindo!
– Ali habita o Senhor! Até breve...

Mergulhou em sonhos. Mais shows, mais dinheiro. Tudo iría mudar! Voltou a si com o som de uma voz sobre seu ombro. Era o mendigo brasileiro.

– Mundo pequeno, não?

– Você!? Como!?
– Hoje vais aprender uma das maiores lições da vida! Vamos sentar naquele banco.
– Quem é você?
– Você sempre tem perguntas sem importância. **Esqueça tudo. Só se concentre no teu objetivo! Jamais esqueça que a fadiga aumenta, se não mantiveres a calma e o foco no objetivo! Não trabalhe mais que tuas forças permitirem, porém não seja ocioso!**
– Mas só de pensar em minha missão já me sinto desanimado!
– **Jamais te preocupe com a distância que tem a percorrer, se concentre só no próximo passo. Lembre-se do sábio ditado popular: de grão em grão, a galinha enche o papo! Tenha o objetivo sempre em mente. Como alcançá-lo, Deus te mostrará, se crer.** Então, ao olhar para trás, verá a distância que percorreu sem te estafar!
– Tudo bem...
– Deve buscar teu cão no Egito.
– No Egito! É super longe!
– Menos que a distância que já percorreu para chegar aqui!
– Mas usei a cabeça e o coração! Ou não?
– Sim! Este trajeto é o correto. Aqui ganhará dinheiro para gastar no Egito. Poupe cada centavo. Se desperdiçar um único, fracassará. **Só gaste com coisas úteis. Sempre invista no que te dará retorno!** Isso requer sabedoria! Um profeta de Deus chamado Brigham Young disse algo que nunca deve esquecer: "**Se quiser enriquecer, poupe o que ganhar. Qualquer tolo pode ganhar. Porém é necessário ser sábio para poupar e usar sabiamente**". Não esqueça, Dhay; **só os sábios vencem na vida.** Você já percebeu que alguns pobres se tornam ricos, ao passo que outros passam a vida toda na miséria?
– Sim. Por que isso acontece?

– A maioria dos humanos se condiciona à situação que vive. Pensa em não perder o trabalho que tem. Por exemplo: em vez de estudar e se profissionalizar para então conseguir um trabalho melhor e mais bem remunerado, pensam em não perder o pouco que têm e esquecem que podem ter muito mais. Como alguns funcionários do governo, da classe mais humilde, que trabalham a vida toda por um mísero salário, contentes porque o governo não os pode demitir, mesmo sabendo que são ociosos. Também porque vão poder se aposentar e viver da aposentadoria que lhes garantirá apenas o básico e muitas vezes nem este. Outros são os que **se tornam ricos porque sonham e traçam planos e jamais têm preguiça de lutar e nunca se contentam com o que têm. Sempre buscam mais.** Estes últimos são sábios!

Os ociosos, no que lhes concerne, os julgam idiotas, pois trabalham e se dedicam para crescer, bem como fazer a empresa do patrão crescer (no caso de empregados). Por isso que serão promovidos. Porque se dedicam. Dão o máximo de si pelo negócio onde trabalham. É esse tipo de gente que move o mundo. Terão chances sobre chances de progredir, pois criam um ambiente propício para isso!

– Puxa, você é muito sábio para um mendigo!

– **Nunca julgue um livro pela capa! Lembre-se que o trabalho sempre parece mais cansativo do que realmente é. A procrastinação nos perturba dia após dia, ano após ano. Também lembre-se que na maioria das vezes as coisas não são o que parecem!**

– Como assim?

– No futuro, você entenderá que o seu cão não é o cão que você pensa. Assim como a pessoa que se mostra prestativa e simpática pode ser uma traidora! Lobo em pele de cordeiro, conforme as escrituras.

Cuide-se com os velhos hábitos. Eles limitam o crescimento. Houve um homem que tinha o hábito de brincar com as pessoas e jamais o perdeu. Perdeu, sim, o cargo de supervisor da empresa em que trabalhava, porque ninguém o levava a sério. Ele, porém, continua dizendo: "Quero morrer brincalhão". Ser brincalhão é legal. Também sou. Mas tem hora para tudo! Este homem, portanto, não aprendeu o simples princípio que cada coisa tem sua hora. **Sempre devemos trabalhar em algo que gostamos. O trabalho é muito exaustivo quando feito de má vontade!** Havia um homem que trabalhou metade de sua vida insatisfeito dando aulas. Sempre esperando uma chance de mudar. Esqueceu-se, porém, que "nada cai do céu". Só conseguiu se realizar quando seu negócio faliu e teve que trabalhar de empregado. A partir dali, passou a ter tempo livre. O que não acontecia quando dava aulas e administrava a escola. Começou a preencher as horas vagas com atividades que gostava e aos 35 anos descobriu que seu dom era escrever. Hoje é um escritor famoso e obviamente largou seu emprego. Vive de seus livros e é muito feliz.

Muito mais irá aprender, porém, por hora basta. Siga seu caminho com a cabeça e o coração e jamais esqueça seu objetivo principal. **A ausência de um objetivo definido é o principal inimigo do sucesso,** pois, se não temos um objetivo, andamos ao léu como uma formiga que se perdeu do ninho e busca migalhas aqui e acolá, repetindo o mesmo trajeto, hora indo ao norte, hora indo ao sul. Dificilmente chegará a algum lugar. Temos que saber onde queremos chegar.

– Certo. Entendi!

Olhou para o lado e, ao voltar o olhar para onde o mendigo estava, deu-se conta que estava sozinho. Porém, no local onde o mendigo estava havia um livro, e na capa estava escrito: "Busca do Triunfo – O poder ilimitado está dentro de você".

Olhou para o relógio e deu-se conta que quatro horas se haviam passado. Tinha que avisar os colegas sobre a *tournée*. Pegou o livro sem imaginar que ali encontraria o segredo de seu sucesso. Nem imaginava que dali em diante não mais teria a presença do mendigo e que aquele livro era um tesouro que tinha em mãos.

Cinco meses depois.

– Uau! Estamos ficando ricos e já somos meio famosos.
– É. Agora que fomos convidados para gravar um CD, seremos famosos.
– Preciso ir ao Egito. Terão que buscar outro baterista. Talvez o Rick. Ele é melhor que eu e está desempregado, desde a semana passada quando a banda se desfez.
– O quê? Egito? Está louco?
– Tenho uma missão a cumprir. Agora preciso ir.
– Deve estar brincado!?
– Não. Já comentei com o Rick. Se ele servir, começa hoje. Eu fico até ele aprender as músicas e vou.

Dois meses depois

Egito, Cairo

– Meu senhor. Por favor, existe algum vendedor de cães de raça por aqui?
– Sim. Teu cão está no final da rua. Vamos.
– Quem é você?
– Dhay. Quando vais aprender a fazer perguntas certas?
– Desculpe.

– Este é o cão!
– Um Pincher? Imaginava um cachorrão.
– **As maiores e mais importantes coisas passam despercebidas aos olhos dos homens, pois estes as acham insignificantes.** Você vê aquela rua e os carros passando?
– Sim.
– Como a rua e os carros, são as chances. Passam despercebidas a nossa frente e a maioria delas parecem insignificantes. Por isso as ignoramos.
– Você é um ser iluminado?
– Pergunta errada novamente. Assim são os homens. Sempre se preocupam com coisas sem importância. É como estar num lago e, enquanto poderia estar com o anzol na água, o pescador fica a limpar os dedos sujos do peixe anterior, perdendo a chance de fisgar o próximo. Não, Dhay. Não sou um ser iluminado. Sou um sábio que um dia conheceu um ser iluminado. Agora ajudo outros a conseguir a sabedoria plena. **Se quiser vencer, se concentre nas tarefas que tem que fazer e esqueça as coisas sem importância.**
– Está bem. Muito obrigado.
– Agora, vá ao final da rua no lado oposto ao nosso e entregue o cão a um menino que está chorando.
– Mas...
– Não discuta. Tua missão era encontrar um cão autêntico. Isto está feito. Ele será seu para sempre. Um dia entenderá. Vá e faça aquela criança feliz, com este presente. Agora lhe sugiro buscar o diamante precioso.
– Onde o acharei?
– Siga suas próprias pegadas e quando achá-lo saberá.
– Não posso seguir minhas pegadas. Elas estão atrás de mim e não na frente!
– Vá. Já cumpri minha missão. Agora o resto é com você!

– Por favor. Ensine-me mais. Ajude-me.
– Está bem. Vá, presenteie o garotinho e volte aqui, então conversaremos.

Dhay saiu apressadamente. Sentiu que aquele momento era muito importante e, assim que entregou o cão para o garoto, voltou para falar com o sábio que tão bem falava sua língua.

– Uau! Já de volta?
– Sim. Tenho sede de aprender.
– Ótimo. Isso é atributo dos deuses e todas as pessoas bem sucedidas têm esse atributo. Esta é uma etapa muito importante. Continue assim e não esqueça seu livro.
– Tudo bem.
– Já o está lendo?
– Não.
– **Livro na estante serve tanto quanto um casaco de peles no verão.**
– Vou lê-lo.
– Além de lê-lo, abra-o sempre que não souber o que fazer. Será um guia pra você.
– Está bem.
– Algo que nunca deve esquecer é de se concentrar no que está fazendo. Se faz algo pensando em outra coisa, não produzirá o máximo que é capaz. Seja no trabalho, esportes, estudos ou na missão que está agora. Fique atento porque os passos do sucesso são invisíveis. Também **não perca tempo, pois ele não volta. Cada segundo já é passado no segundo seguinte e jamais voltará. O que não for feito neste segundo talvez nunca mais o possa ser e se for terá que usar o tempo que seria destinado a outra coisa.** Tempo perdido não volta mais. Em resumo, o tempo que passamos na ociosidade ou fazendo coisas inúteis é perdido para sempre, saiba você disso ou não. Nós vivemos em média setenta anos. Tempo infinitamente curto se comparado com a eternidade. Uma vez desperdiçado,

significa parte da vida jogada fora. Sugiro então que **tenha uma agenda sempre à mão com todas tuas atividades diárias agendadas**. Uma vez seguida esta agenda, o dia será melhor aproveitado. Sei que às vezes o que planejamos pode levar mais tempo que o previsto. Faz-se então necessário eliminar algo menos importante da programação daquele dia. Outras vezes sobrará tempo, nesse caso é necessário ter algumas atividades programadas para preencher os horários vazios. Também se faz necessário agendar compromissos semanais e mensais e até mesmo anuais. Assim você sempre saberá o que fazer a seguir, não desperdiçando o precioso tempo de sua vida. Se não agendarmos nossos compromissos, nas horas ociosas pensaremos em que fazer e muitas vezes esqueceremos algo de suma importância e faremos algo menos importante. Também devemos tomar cuidado de não nos desgastarmos com coisas que não nos realizarão. A energia gasta poderia ter sido usada em atividades que nos ajudariam a alcançar o objetivo maior de nossa vida e nunca devemos nos deter em uma atividade que não aspiremos, pois jamais conseguiremos fazê-la bem feita e não encontraremos a realização pessoal. A tendência é que passemos cada vez mais a detestá-la e isso nos fará infelizes.

– Não há a possibilidade de nos acostumarmos ao que fazemos e passar a gostar?

– Não! Se fizermos algo que gostamos, não só seremos felizes, como nos apaixonaremos por aquilo. Imagine-se só fazendo o que gosta. Não é uma maravilha?

– Claro!

– O trabalho geralmente é um problema para o ser humano. Se as pessoas gostassem do que fazem, seriam mais felizes, mas geralmente isso não acontece. Veja as fisionomias das pessoas que passam pela rua em qualquer parte do mundo. Se observarmos cuidadosamente perceberemos que suas fisionomias expressam tristeza, rancor e decepção. Uma porcentagem insignificante expressa alegria, isso na maioria, porque as pessoas se condicionam a fazer o que não gostam por um mísero salário que mal dá para matar a fome. Não têm coragem de se aperfeiçoar na área que realmente gostariam de atuar e também porque temem buscar coisas novas, desacreditam em si próprias, temem o desconhecido, temem inventar algo novo, que poderá não dar certo, e ser inferiores aos outros. Enfim, temem lutar. Daí a frustração quase geral. Citei o fato de observarmos as fisionomias dos pedestres, porque quando as pessoas andam pela rua geralmente estão sozinhas e são raramente observadas, assim nesses momentos se entregam aos pensamentos e extrapolam os sentimentos através da fisionomia, sem se darem conta. Outras, ainda, nem de sonhar têm coragem.

– Eu discordo! Todos sonham com uma vida melhor!

– Sonham com o mínimo do mínimo. Para mim isso não é sonhar! Vou contar-lhe a história de um amigo meu: Ele trabalhava em uma empresa de serviço braçal. E sempre dizia "um dia vou comprar um lote e construir minha casa". Após anos de trabalho árduo, comprou um lote e construiu sua casa, mas só fez isso e ainda ganha o mísero salário que ganhava muitos anos atrás. Sabe por quê?

– Acho que não!

– Porque só conseguiu sonhar isso. Jamais com um emprego com o qual pudesse ganhar muito dinheiro! Sendo assim, nunca fez nada para mudar de atitude. Ainda se fascina com o sucesso dos outros, mas vê esse sucesso como algo que não lhe pertence. Jamais crescerá enquanto pensar assim.

– É. Você tem razão!

– Nunca tenha medo de sonhar, **pois o sonho é o primeiro passo para a realização**. Também não esqueça que **só sonhar não adianta. Temos que planejar cada**

passo rumo à realização e lutar sem preguiça e sem temor. A especialização na área que queremos abordar é indispensável.

– Eu concordo. Meu pai me ensinou isso desde pequeno.

– Aconselhei certo líder religioso, muito cheio de fé, porém, com pouco conhecimento espiritual, a voltar a estudar, pois sendo ele semi-analfabeto jamais cresceria profissionalmente. Ele me respondeu que o Espírito Santo o guiava no que devia fazer e, sendo assim, não precisava de livros. Expliquei que poderia ganhar muito dinheiro e ser rico, obtendo condições para ajudar as pessoas. Ele me respondeu que sacrifícios trazem bênçãos. Ignorou assim as próprias escrituras que dizem: "Buscai sabedoria nos bons livros". (Livro de Doutrina e Convênios - D&C 88-118). Se equivocou ao pensar serem as sagradas escrituras os únicos livros bons. Também é importante saber que quando buscamos algo que realmente aspiramos o desânimo não nos atingirá com tanta força.

– O problema é que muita gente morre velha sem ter descoberto o que quer da vida...

– É verdade! Mas se observarmos o que gostávamos desde criança saberemos que ali está nossa aspiração. Como um adolescente que vive desenhando e não se cansa disso, pelo contrário, quanto mais desenha, mais sente o desejo de desenhar e faz desenhos bem feitos, tem o dom para esta arte, e pode ser um bom artista plástico ou similar. Aquele que num simples gesto acha inspiração para compor uma poesia tem o dom de ser poeta. Resumindo, basta observar o que nos atrai e desenvolver a técnica nesta área específica. Por outro lado, se fizermos algo, mesmo que por lazer e logo nos cansarmos, esqueça isso, pois só lhe serve para lazer. Jamais para trabalhar no dia a dia.

— Puxa! Foi bom conhecê-lo! Essa longa viagem valeu a pena. O que mais?

— Agora, vou lhe contar um segredinho bem simples com relação à maneira de se apresentar. Vista-se a rigor para a ocasião em que se encontra. Isso é meio caminho andado para cativar as pessoas. Nada pior que andar mal vestido, sujo, despenteado ou com barba por fazer. Loreci Ribeiro Farinon sempre insistiu que a aparência conta e conta muito! A aparência associada com simpatia e educação é quase vitória certa! É bem mais fácil manter uma boa impressão a nosso respeito do que mudar uma má impressão gerada por descuido de nossa parte.

— É. Meus pais já me falaram a respeito.

— Muito bem!

— O que fazer quando tudo parece dar errado e estamos totalmente endividados?

— Aí se descobre quem são os verdadeiros vencedores! Aqueles que não desanimam. Geralmente as pessoas se desesperam, começam tratar mal os outros, afastando os clientes e piorando a situação. Começam tratar mal os familiares e assim desintegram a família. Muitos, porém, mantêm a calma e continuam lutando. Analisam os fatos e buscam pontos falhos para eliminá-los e assim começa a melhorar a situação. No campo financeiro, às vezes é necessário vender algo para quitar as dívidas e evitar os juros e possíveis transtornos. Também é necessário ver porque o negócio não vai bem. Talvez seja falta de especialização, uma área do mercado muito explorada, um produto final sem interesse da parte do consumidor, etc. O empresário tem que ter a coragem de admitir que não deu certo e abandonar o ramo, logicamente após comprovar que realmente é inútil continuar. Isso não quer dizer fracasso! Quer dizer que este empresário tem personalidade e força de vontade e provavelmente será um vencedor. Se analisarmos a vida de pessoas que venceram na vida, descobriremos que fracassaram em um ou outro momento, porém é importante jamais deixar transparecer desânimo aos subordinados, caso contrário estes perderão produtividade e seu negócio estará definitivamente liquidado. As escrituras dizem que somos deuses (João 10:34 e Salmos 82:06). Isso significa que temos o poder divino dentro de nós e, com certeza, se desenvolvêssemos 100% de nossa capacidade mental, teríamos o poder que Deus tem. O Mestre Jesus Cristo muitas vezes proferiu palavras como "tua fé te curou". Tua fé! Não Deus. Deus deu-nos o poder de tudo fazer, basta ter fé. Sendo assim, **se acreditarmos que vamos vencer e lutarmos para tal, assim será.**

Algo que nos ajuda vencer é ter contatos. **Nunca deixe de fazer amizade com pessoas. Quanto mais conhecido for, melhor, mais chances terá para receber apoio para realizar um dado empreendimento.** Amizade nunca é demais! Quando estiver conversando com alguém, **ouça com atenção**, tente identificar o tipo de pessoa com que você está se comunicando, use psicologia. **Tente descobrir o que a pessoa gosta e converse sobre aquele assunto.** Tome a si próprio como exemplo; pense num amigo com quem gosta de conversar e então analise o tipo de assunto que normalmente aborda e você chegará à conclusão que gostam das mesmas coisas. Partindo deste princípio, chega-se à conclusão que conseguiremos agradar à pessoa, ela se interessará pelo assunto e nos dará atenção. Caso abordemos assuntos que ela não goste, não a conseguiremos cativar e não teremos sua atenção. Então se conclui que, para conseguir fechar um negócio, fazer muitos amigos, receber atenção, etc., devemos dar prioridade a assuntos que a pessoa com quem conversamos goste. Às vezes é necessário um vendedor descobrir algumas intimidades do cliente que não lhe compra, para então tocar naquele assunto e assim fazer com que este comece se abrir ao diálogo e passe a comprar. Se analisarmos, chegaremos à conclusão que a maioria das pessoas aborda assuntos que elas gostam, não importando se o outro lado está ou não interessado em ouvir. Quem assim age se torna um sujeito chato aos olhos dos outros e não consegue cativar muita gente. Isso provavelmente acontece porque temos um sério complexo de inferioridade, talvez por conhecermos nossas deficiências melhor que ninguém e assim tentamos sempre expor algo admirável que realizamos, não importando se a outra pessoa quer ou não ouvir. **O fato de sabermos ouvir é muito valioso**, pois, **além de fazer com que as pessoas nos apreciem, também temos chance de aprendermos, uma vez que enquanto falamos não estamos aprendendo, mas sim enquanto ouvimos.** Outra forma muito interessante de se aprender é assistir filmes, pesquisar na internet e, claro, ler. Estes são alguns meios para nos tornarmos bem sucedidos. Através do estudo podemos desfrutar da sabedoria dos maiores pensadores da história antiga e de nosso tempo por apenas algumas moedas. Pena que tantos livros bons sirvam apenas para decoração de estantes e às vezes nunca chegam a ser abertos. Pena que a internet seja usada para tantos fins inúteis e a televisão para incutir filosofias vazias na mente do povo.

– Sim.

– Busque sua meta e tenha sempre consigo o seguinte: **existem dois objetivos na vida: o primeiro é conseguir alcançar o que se sonha, o segundo é desfrutá-lo. Apenas os sábios desfrutam o segundo.** Esta frase, não propriamente nestas palavras, foi citada por Borghild Dahl e, com certeza, deve sempre ser lembrada por todos os vencedores, para não acontecer de se ganhar o mundo e esquecer de desfrutá-lo. Cada conquista deve ser desfrutada já no momento que a obtemos e durante o tempo que nos pertencer. **Olhe para trás e recorde de seus piores dias e**

então verá quanto tem para desfrutar. Porém, se está passando a pior fase de sua vida, lembre-se do que já teve e não aproveitou e que isso sirva de estímulo para buscar algo que possa desfrutar.

– Claro. Prossiga.

– Talvez conheça esta estória, pois acontece com muitos. Também aconteceu comigo, por isso vou lhe contar. Ganhei muito dinheiro há alguns anos e tudo que ganhava gastava. Boa parte em supérfluos, até que certo dia a crise veio. Meu negócio faliu, fiquei sem trabalho e sem dinheiro. Devendo uma quantia que, provavelmente, não conseguiria pagar jamais. Então o que acha que fiz?

– Não tenho nem idéia!

– Busquei um trabalho que me desse muito dinheiro. Comecei me aperfeiçoar na área de informática. Paguei curso de idiomas para os filhos e de filmagem para a mulher e trabalhei duro. Então comecei a desenvolver meu talento de escritor. Escrevi um livro. Consegui patrocínio para completar o que faltava para pagar a editora e ganhei dinheiro para pagar as dívidas e para ficar rico. Sem contar que dentro de pouco tempo os filhos estavam formados e ganhando seu próprio dinheiro, bem como a esposa. Além disso, ajudei na realização do sonho deles. A lição que quero que tire disso é: "**Nunca diga estou liquidado, nunca coloque limitações nos pensamentos, nunca tenha preguiça de tentar realizar algo que lhe parece impossível. Vá à luta.** Lembre-se **que pode conseguir o que deseja se acreditar e trabalhar duro para isso.** Agora você deve ir à busca do diamante mais precioso de todos".

– Muito obrigado por tudo. Mas se você já trilhou este caminho e tinha o cão, tem também o tesouro! Dê-me, por favor!

– Não se deixe levar pelas aparências. Um dia vai entender. Vá pelo mundo! Comece a busca onde achar melhor e, se quer facilitar o trabalho, lembre-se que todos têm sentimentos; são exatamente como você. Trate-os bem, como gostaria de ser tratado.

– Vamos, dê-me o tesouro!

– O meu tesouro ninguém pode tirar de mim! O seu tesouro não está comigo! Agora não perca mais tempo. Vá!

Pontos a ponderar

– Se concentre no seu objetivo. Esqueça tudo o que não o ajudará a chegar a ele.
– Jamais pense na distância que tem que percorrer. Pense no próximo passo e mantenha o objetivo em mente. Lembre-se do ditado popular que diz: "De grão em grão a galinha enche o papo".
– Só gaste teu dinheiro com coisas úteis. Só o invista no que lhe dará retorno.
– Se quiser enriquecer, poupe o que ganhar, pois qualquer tolo pode ganhar, porém é necessário ser sábio para poupar e gastar prudentemente. (Brigham Young).
– Só os sábios vencem na vida.
– Enriquecem os que sonham e traçam planos e jamais têm preguiça de lutar e nunca se contentam com o que têm. Sempre buscam mais.
– Nunca julgue um livro pela capa.
– A procrastinação nos perturba dia após dia, ano após ano.
– Cuidado com velhos hábitos. Eles limitam o crescimento.

– É importante trabalharmos no que gostamos. O trabalho é muito exaustivo quando feito de má vontade.

– A ausência de um objetivo definido é o principal inimigo do sucesso.

– As maiores e mais importantes coisas, bem como as melhores chances, passam despercebidas aos olhos dos homens, pois eles acham que são insignificantes.

– Se quiser vencer, concentre-se nas tarefas importantes que tem a fazer. Prive-se das inúteis.

– Livro na estante serve tanto quanto um casaco de peles no verão. Portanto, abra-os e leia-os.

– O tempo que passamos na ociosidade ou fazendo coisas inúteis é indubitavelmente perdido para sempre.

– Sempre tenha uma agenda à mão com todas suas atividades diárias agendadas.

– O sonho é o primeiro passo para a realização.

– Só sonhar não adianta. Temos que planejar cada passo que nos levará à realização e lutar sem preguiça e sem temor.

– Se acreditarmos que podemos vencer e lutarmos para tal, assim será.

– Nunca deixe de fazer amizades, quanto mais conhecido for, melhor, mais chances terá para receber apoio em um dado empreendimento.

– Ouça com atenção, tente descobrir o que a pessoa gosta e converse sobre esse assunto. Somos cativados por pessoas que falam sobre o que gostamos.

– O fato de sabermos ouvir é muito valioso, pois além de fazer com que as pessoas nos apreciem também temos chances de aprender; enquanto falamos não aprendemos, mas sim enquanto ouvimos.

– Busque conhecimentos nos bons livros.

– Existem dois objetivos na vida. O primeiro é conseguir o que se sonha. O segundo é desfrutar o que se conseguiu. Apenas os sábios realizam o segundo. (Borghild Dahl).

– Olhe para trás e recorde os seus piores dias, então saberá o quanto tem para desfrutar.

– Nunca diga estou liquidado, nunca coloque limitações nos pensamentos, nunca tenha preguiça de tentar realizar algo que parece impossível. Vá à luta.

Capítulo VI

O valioso diamante

Sentado na praça principal, Dhay pensa em como continuar a busca. Sabe que o tesouro está com o sábio, mas este não o quis dar. Lembrou-se então do livro que havia ganhado. Abriu-o ao acaso e lá estava escrito: "Teu tesouro está onde está o teu coração". Pensou, pensou e de súbito lembrou-se dos conselhos do sábio: "Consultar o livro e seguir as suas pegadas". Era isso! O seu coração estava nos amigos, também no seu país de origem, o Brasil, e para seguir as suas pegadas tinha que voltar pelo caminho que havia pisado. Sim, faria isso. Talvez o diamante do sábio já não fosse o mais valioso. Talvez existisse outro maior no Brasil, ou por onde ele havia passado. Dirigiu-se para o aeroporto. Iria para a América. Resolveu caminhar, não sabia por quê. Caminhou...

Passando em frente a um hospital encontrou uma mulher que acabara de sair e chorava muito. Parou e perguntou o que havia acontecido.

— Desculpe, senhora. Posso ajudar-lhe? O que houve?

— É meu filho. Precisa ser operado para não morrer. Caso contrário morrerá em no máximo dois dias. Não tenho o dinheiro da cirurgia.

A mulher se derramava em prantos, nada a podia consolar.

— Quanto custa a cirurgia, senhora? — perguntou Dhay.

A cirurgia custava a soma exata do dinheiro que Dhay tinha. Enquanto Dhay pensava em salvar a vida daquele menino, lembrava-se do conselho do mendigo. Não poderia desperdiçar nem sequer um centavo. Caminhou alguns passos e voltou ao livro: "Amarás o teu próximo como a ti mesmo" (Mateus 22:39).

E agora o que fazer sabia que havia chegado o momento de gastar o último centavo que possuía. Mas como voltar para a América? E o que comeria? Não. Não podia gastar o dinheiro. Foi-se em direção ao aeroporto, não iria se desviar do seu caminho.

Parado em frente ao guichê de passagens aéreas, no momento de adquirir a passagem pensou: "Tenho que seguir o meu caminho, mas qual é o meu caminho? Talvez seja ajudar aquela senhora"!

— Voltou ao hospital e lá estava a mesma senhora, dormindo no banco em frente ao hospital.

Dhay sabia que não podia gastar o dinheiro desnecessariamente. Mas poderia argumentar com o ser iluminado. Era uma questão de vida ou morte. Era necessário. Estava amando o próximo como a si mesmo! Afinal, para se manter vivo poderia desistir de tudo o mais. A vida era o mais importante. Faria isso por aquela criança, sim. Sua missão não era tão importante quanto a vida de um ser humano!

Chamou a mulher, entrou com ela no hospital e pagou a cirurgia. Após receber *"uma chuva de beijos"* da mulher, retirou-se... vagou ao léu. Não sabia o que fazer...

No dia seguinte sentiu fome. Já eram mais de vinte e quatro horas sem comer. Como estava sem dinheiro, resolveu entrar em um restaurante e pedir por um prato de comida. Ganhou. Mas antes teve que ir à cozinha limpar o chão, lavar pratos e fazer alguns outros serviços, enfim, pagar pelo que iria comer. Depois o dono do restaurante lhe deu uma refeição digna de um presidente.

Enquanto comia, traçava planos. Tinha que achar um meio de voltar para a América. Ficar onde estava era complicado. Se comunicava muito mal naquele idioma.

Teve uma idéia. Se havia trabalhado por um prato de comida, poderia trabalhar em um navio que fosse para a América. Seu inglês o ajudaria a arrumar um trabalho em um navio em troca da viagem para a América.

Porém, não foi tão simples assim, nem sequer conseguiu entrar no cais. Foi barrado pela fiscalização.

Vagou pelas ruas já cansado. Calos nos pés e quase desesperado. Aqueles três dias dormindo em bancos de praças não foram bons. Novamente lembrou-se do livro, o qual lhe servira de travesseiro. Como de costume, abriu-o ao acaso e leu: "Onde estiver teu coração, ali estará teu tesouro". Página diferente, mas a mesma mensagem. Buscava o maior de todos os tesouros, agora sabia. Tinha uma pista. Bastava descobrir o significado da frase. Seu peito ardia. Não sabia o que a frase significava, porém, mais do que nunca, tinha certeza que esta era a pista certa.

Subitamente deu-se conta que dois homens, ingleses pela fisionomia, dialogavam no banco de praça ao lado. Começou a ouvi-los.

– Uma coisa que aprendi na vida é que **sem traçar metas fracassamos.** É como um homem que resolve atravessar o oceano. Sabe o país que quer chegar, mas não sabe como fazê-lo. Só conhece o destino a atingir. Lança-se então no mar em um bote de uns quatro metros de comprimento por um de largura. Um ato estúpido. Sem provimentos, sem bússola, sem inteligência. Será que chegará ao destino? Só por milagre. Talvez antes de naufragar arrume uma carona. Uma chance em um milhão, num oceano tão vasto.

Se você pedir para cem empresários como pretendem alcançar seus objetivos, quase todos dirão que trabalharão arduamente para isso, que lutarão com todas as forças. Porém, se perguntar qual o próximo passo, não saberão dizer. Uma guerra se ganha vencendo muitos combates. É para cada um dos combates que devemos estar preparados. Botar a mão no objetivo final é apenas ganhar a última batalha, mas só conseguiremos isso se tivermos vencido muitas outras batalhas pelo caminho. Engana-se quem pensa que a vida de qualquer um dos vencedores foi fácil.

– Não podemos deixar de lembrar que precisamos estar atentos às oportunidades, pois **as oportunidades passam num piscar de olhos, sem contar o fato que vêm geralmente camufladas.**

– Com certeza. E é muito importante transformar a derrota em vitória, frustração em satisfação pessoal e a arma para isso é **otimismo e determinação.**

– Outro ponto importante é não vivermos de utopia. Temos que ter os pés no chão. **Sonhar é bom e necessário, mas o sonho deve vir acompanhado de ações, então, sim, este se tornará real.**

– Devemos também lembrar que o que fazemos agora nos ajuda a formar uma base firme para o futuro. Porém, o que passou é morto, não podemos viver de recordações. Também não devemos procrastinar o que temos a fazer, pois temos poder sobre o presente, o futuro talvez nem exista para nós. Podemos morrer no próximo segundo, minuto ou hora. Sabe-se lá quando. **O passado é ido, o futuro inexistente, o presente é real e palpável, portanto, faça o que tem para fazer, já.**

– Isso que vou lhe dizer pode parecer cafona, mas é concreto: "Meus filhos me criticam às vezes pela eventual falta de controle de minha parte, ante situações que provocam irritação, porém confiam em mim plenamente, pois jamais ouviram de minha boca uma única mentira".

– Também vale lembrar que nem uma batalha poderá ser ganha sem ânimo.

– Sim. E também devemos manter-nos com os pensamentos fixos em nossas metas, dia após dia. Os pensamentos levam à realização. Tudo é elaborado no cérebro para então ser executado por nosso corpo. Portanto, limpe seu interior e será um grande homem. Deixe-o sujo e será um inútil. Na verdade, somos o que pensamos e não o que demonstramos ser. Portanto, devemos repelir os pensamentos negativos e ressentimentos e assim poderemos assegurar para nós as oportunidades que tivermos. **Muitas metas são simplesmente esquecidas ou deixadas de lado porque não receberam a devida atenção.** Também não podemos deixar de nos concentrar nas submetas. Por exemplo, se decido me tornar técnico em computação, devo tomar inicialmente as seguintes medidas: "Disponibilizar dinheiro para cursos, escolher a melhor escola, ser um aluno totalmente dedicado, procurar um trabalho para aperfeiçoar-me mais e, finalmente, quando preparado, iniciar o próprio negócio. Depois virão outras submetas, para só então me tornar uma pessoa de sucesso, que era a meta principal".

– **Algo que nos derruba é o medo que às vezes se disfarça de timidez. Se não encararmos as situações, não**

chegaremos a lugar algum. Tem uma frase de autor desconhecido que passei a usá-la devido à minha crença em Deus: "Filho de Deus deusinho é". No mais profundo de seu significado, significa que ao homem nada é impossível. Analisemos o seguinte: Deus criou tudo o que existe e nos colocou na terra. Uma de suas criações. Porém, antes éramos, como o somos agora, literalmente filhos de Deus em espírito. Irmãos de Jesus Cristo que recebeu um corpo e o retomou na ressurreição, assim como nós o faremos um dia. Citei isso para deixar clara nossa origem divina, não tendo intenção de pregar doutrinas religiosas, mas sim esclarecer o fundamento de nosso poder. Para tal citarei o maior de todos os homens sobre a face da terra. Jesus Cristo. E só para não deixar margem para equívocos ou má interpretação da parte de religiosos, gostaria de lembrar que trato aqui de poder, não de salvação espiritual. Pois a salvação depende de cumprir os mandamentos de Deus, porém o poder de fazer as coisas depende da fé. (Certeza que algo vai ou não acontecer). Jesus Cristo disse: "Se disseres àquela montanha passa daqui para acolá, há de passar se o fizeres com fé. (Mateus 17:20). E ainda para Pedro que caminhou sobre as águas: "Homem de pouca fé, por que duvidaste"? (Mateus 14:31). Vacilou na fé e afundou. Você pode pensar que isso só acontecia porque Cristo, o filho de Deus, estava lá. Te digo, porém: você também é filho de Deus. Pessoas de diferentes designações religiosas curam pessoas de doenças incuráveis. Benzedeiras fazem o mesmo. Gostaria de explicar como isso ocorre. A pessoa curada por um clérigo só o é se acreditar, caso contrário não será. O poder vem de dentro da pessoa. Vem do cérebro que envia a mensagem de cura ao local ofendido e assim acontece a cura. Porém, se a pessoa duvida nada ocorrerá, pois, ao desacreditar, a pessoa está mandando uma mensagem ao cérebro que a parte doente continuará doente e assim será. Resumindo, o poder divino que está dentro de nós tudo pode. Há pessoas que fazem "despachos" contra alguém. Se este alguém não for informado do fato ou não acreditar, nada acontecerá. Isso porque, desconhecendo ou desacreditando o fato, a mensagem de mal não será enviada ao cérebro, inutilizando todo o trabalho feito. Em outras palavras, o cérebro estará enviando mensagem que nada acontecerá e assim será. Porém, se a pessoa acreditar, temerá o mal e dirá para si mesma: "E agora, que farei, aquele mal vai me acontecer". Assim será.

- Isso é verdade. Tem um fato curioso que aconteceu comigo. Eu era goleiro de futebol quando criança e tinha uma verruga no cotovelo, cada jogo a arrancava e era uma tortura total, pois ela crescia novamente e se tornava cada vez maior. Minha mãe sempre fazia simpatias para a verruga cair, mas não dava certo. Isso porque eu não acreditava em simpatias. Certo dia, meu pai me levou ao médico, para ele receitar um remédio que matasse a dita verruga. Eu perguntei para o doutor sobre simpatias, se elas funcionavam. Só o fiz para ouvi-lo dizer que era tolice e assim convencer meu pai que eles estavam errados em acreditar nisso. Porém, tal foi minha surpresa ao ouvi-lo dizer que dava certo. Falei-lhe que comigo não funcionava. Ele disse que só funcionava com quem acreditava e me explicou o caso cientificamente. Disse que o cérebro mandava a mensagem de destruição da verruga até o local e determinados anticorpos iam até o local e destruíam a mesma. Explicou-me então que, como eu não acreditava, a mensagem de destruição não era enviada e sim a mensagem de que a verruga iria crescer novamente. Assim, portanto, ocorria. Fui para casa e não usei o remédio, porém disse para mim mesmo: se assim é, a verruga cairá sem remédio e sem simpatia. Assim sucedeu.

– Interessante.

– Fiz essa explanação para que você entenda que **se soubéssemos usar 100% de nossa capacidade mental, seríamos semelhantes a Deus. Poderíamos até mesmo criar planetas, etc.**
– **Partindo deste principio, se você acreditar que é capaz de realizar seu sonho, você o fará!**
– Pode ter certeza!

A noite já ia caindo quando Dhay deu por si que já haviam passado quase duas horas. Foi então que se lembrou que estava sem dinheiro e sem o que comer e mesmo onde dormir. Voltou a pensar na frase do livro: "Onde estiver teu coração, ali estará teu tesouro". Aquela noite passaria novamente na praça. Mas no outro dia, estava decidido, arrumaria um trabalho!

Dhay acordou com os primeiros raios de sol. Seu corpo doía muito. O banco era muito duro para se dormir. Agora sabia como os mendigos viviam mal. Foi novamente ao cais. Precisava de trabalho e lá estava um pouquinho mais perto de casa. Havia acordado feliz, pois havia decifrado o enigma da frase. Era tão simples. Porém, estava dando um jeitinho de dificultar as coisas. Acordou com muita saudade do Brasil. Era lá que seu coração estava. Na cidade de Francisco Beltrão. Era hora de voltar, sentia isso dentro de si. Dirigiu-se para a portaria do cais.

– Por favor, senhor, preciso trabalhar para comer. Será que há uma vaga no cais?
– Sinto muito. Todas estão preenchidas no momento e há uma fila imensa de pessoas na sua frente. Não conseguirá nada aqui.
– Olha, sou do Brasil. Preciso ganhar algum dinheiro para poder voltar. Não dá pra dar um jeitinho?
– Do Brasil? Fala Português?
– Sim. É minha língua nativa! Falo português, além do inglês!
– Tenho o trabalho que precisa! Espere aqui.

O homem sumiu cais adentro e dez minutos depois voltou com um homem uniformizado, usando um boné engraçado. Devia ser capitão de algum navio, ou algo parecido.

– Você fala português e inglês? – perguntou em português meio mal falado.

– Sim, senhor, e um pouco de espanhol.

– Ótimo! Já trabalhou em navios?

– Não, senhor, mas já viajei muito e passei por muitas situações difíceis e sempre me saí bem. Posso fazer o que precisar. Basta me explicar.

– Excelente! Um rapaz determinado. Preciso de um intérprete. Algo contra usar uniforme?

– Imagina, senhor! Quero trabalhar...

– Muito bem. Entremos e vamos conversar. Vai ganhar um bom dinheiro, se fizer um bom trabalho! O navio parte para o Brasil em cinco horas.

– Dhay havia aprendido uma nova lição: **uma conversa franca e esclarecedora muitas vezes pode mudar o destino de um homem.** Há pouco, havia o recepcionista lhe dito que não havia chance, pois muitos estavam aguardando uma vaga na sua frente, e agora era intérprete em um navio que atracaria no Rio de Janeiro. Chegaria ao Brasil em breve e com um bom dinheiro no bolso!

O dia já ia raiando, os reflexos do sol na água davam um espetáculo à parte. Que manhã linda! O nascer do sol mais lindo e feliz já visto por Dhay. Ao longe pôde ver a estátua do Cristo Redentor. Estava em casa novamente. Havia aprendido novos idiomas, sofrido muito, porém com o sofrimento havia aprendido novas lições. Sentia-se realmente um homem pela primeira vez na vida! O mundo já não o assustava mais! Havia encontrado seu cão do outro lado do mundo e agora buscava o maior de todos os tesouros. Sentiu então que venceria o grande desafio. Obteria o poder ilimitado!

Francisco Beltrão, Paraná

– Oi, pai! Oi, mãe!
– Meu filho, você voltou! Dois anos e meio se passaram! Achei que nunca mais o veria! Como sofri com a tua ausência!
– Ora, mãe, já sou um homem!
– Sempre falei isso para tua mãe! Mas mesmo assim ela vive derramando lágrimas. Como foi a viagem, filhão?
– Bem, pai. Muito bem. Melhor impossível.
– Vejo que não tem o cão.
– Já o deixei no seu devido lugar!

Mais tarde...

– Hoje teremos uma festa, para comemorar a tua volta!
Amanhã quero que conheça um grande palestrante chamado Edgar Farinon. Ele fala coisas impressionantes sobre relacionamento, conquistas, técnicas de vendas, etc. Você vai amar!

Um dia depois

Dependências do Teatro "O Espaço da Arte"

O saguão do teatro municipal vai gradualmente sendo tomado e em pouco tempo está lotado. O local foi pequeno demais para o número de famílias, empresários, doutores e outros profissionais das mais variadas áreas, que queriam ouvir a palestra do grande Edgar Farinon.

Foi uma palestra magnífica, e alguns pontos marcaram Dhay para sempre.

Um dos primeiros pontos citados por Edgar foi a maneira que podíamos convencer as pessoas a pensarem como nós:

– Se entrevistarmos cem pessoas sobre o último assunto que discutiram com alguém e pedirmos, na opinião delas, quem tinha razão, descobriremos que a quase totalidade delas acharão estarem certas, ou pelo menos dirão isso. Talvez, no fundo dos seus corações, admitam estar erradas, mas por orgulho e autoestima não admitirão e lutarão até onde for preciso para defender as suas opiniões. Alguns poucos não gostam de discussão e se calam ou mesmo admitem a razão da outra pessoa, mas lá no fundo sabem que só o fizeram para evitar discussão. Continuarão a defender seu modo de pensar e não terão mudado de ideia.

Um número quase insignificante de pessoas analisará os dois lados e admitirá do fundo do coração estar errada, caso o esteja. Sendo assim, vale a pena discutir quando vemos que a pessoa não partilha da nossa maneira de pensar? Digo que não. Então o que fazer para haver harmonia de pensamentos?

O meio mais eficiente é convencer a outra pessoa que o nosso ponto de vista, na verdade, não é nosso ou que uma ideia não é nossa, mas delas. Isso logicamente tem que ser feito sutilmente, sem que a pessoa se dê conta. Se conseguirmos convencê-las de que o nosso ponto de vista não é nosso, mas dela, então defenderá a nossa ideia com unhas e dentes. Você pode estar pensando que o mérito será da outra pessoa! É verdade, mas e daí, você quer méritos ou resultados? Busque os resultados e o mérito será acrescido automaticamente. Se agir desta forma, é benéfico, então você saiu ganhando! Para fazer isso é necessário observar a pessoa. Conhecer suas ideias e isso é fácil, é só deixá-la falar. Falar é o que a maioria das pessoas mais gosta de fazer. Então, sutilmente, comece distorcer as ideias da pessoa, recheando-as de elogios e ela então sentir-se-á lisonjeada e acabará adotando a sua ideia como dela. Porém, cuidado com a dose. É necessário explorar o momento certo e dar a devida medida de elogios e complementos ao que a pessoa está falando. Às vezes é necessário um trabalho de dia após dia, um trabalho contínuo. Isso é possível em nosso lar e no local de trabalho, por exemplo. Há situações, porém, que é necessário ser rápido e dinâmico. Quando estamos vendendo um produto e temos poucos minutos da atenção do comprador e este lhe diz que não está interessado, porque além de caro o produto tem a manutenção também cara. Se você lhe disser que ele está errado, acabará se defrontando com ele. Este irá defender a própria ideia com toda sua força. Porém, se lhe disser que ele é inteligente e observador, pois observou de início coisas que outros clientes normalmente não observam e por isso vai lhe expor alguns fatos vantajosos, terá sua atenção.

    Se você então lhe explicar que o produto é de manutenção cara, porque usa este, aquele e aquele outro componente para garantir a qualidade, coisa que outros produtos não fazem e que isso lhe trará um conforto maior e ainda, de arremate, lhe citar uma pessoa bem conhecida e influente na sociedade que comprou o produto porque sabe que é importante zelar pelo conforto dela e de sua família e assim preferiu investir (não gastar, pois gastar soa negativamente), seu dinheiro com coisas úteis e que esta pessoa, ao conhecer o produto, não pensou duas vezes e adquiriu-o e finalmente elogiar o fulano que fez a compra, deixando indiretamente claro que o admira por sua inteligência.

O seu novo cliente provavelmente irá querer ser digno de elogios também e fará a aquisição. Porém, antes é necessário analisar o cliente, para saber de que forma o abordar, pois o que pode ser convincente para um, pode ser ofensa a outro.

Para conhecer o cliente, nada como lhe dar a chance de falar à vontade, como já disse anteriormente, e incentivá-lo com elogios concordando sempre que possível e, ao discordar, em vez de argumentar basta se calar e só ouvi-lo. Uma vez sabendo com que tipo de pessoa está conversando é mais fácil saber como abordar o assunto em questão.

Um conselho que vale para qualquer situação: **não minta para seus clientes,** use exemplos verdadeiros, pois assim a pessoa acabará comprovando que o que disse é verdade e lhe trará outros clientes, mas se comprovar que você mentiu, lhe tirará até os prováveis clientes.

Tome cuidado com a forma que age perante as pessoas, pois nos julgamos pelo que acreditamos sermos capazes de fazer, porém, as pessoas nos julgam pelo que já fizemos e se fizemos algo indigno as pessoas provavelmente se lembrarão pelo resto da vida. Se fizemos algo bom, esquecerão rapidamente.

Tome cuidado para que, jamais no seu dia a dia, seja numa palestra, numa entrevista, na vida pessoal ou em qualquer outra situação, **não perca o objetivo de vista. Às vezes nos preocupamos com coisas banais, detalhes sem importância e acabamos nos afastando do objetivo** ou então **quando as coisas começam a ficar difíceis simplesmente optamos por algo mais fácil, nos afastando assim de nossas metas. Daí vem o grande número de frustrados que trabalham em serviços que odeiam, mas jamais têm coragem de buscar o que sonham.**

Mas como buscar o que sonhamos? Boa pergunta, não? Sem dúvida não posso ser economista sem antes me formar em economia. **O caminho é o estudo!** Estudar arduamente sobre aquilo que queremos para nós!

Vemos o mercado de trabalho cheio de pessoas mal qualificadas, preguiçosas, que se recusam a fazer um curso de aperfeiçoamento, pago pela empresa em que trabalham e, quando fazem o dito curso, não estudam arduamente, faltam às aulas, enfim não valorizam, pois estão ganhando o curso, como se, pelo fato de ser de graça, não tivesse valor. Se tem que pagar pelo curso, vem a escusa de não terem dinheiro. Assim nunca vão conseguir nada! Vão ser frustrados a vida toda. Comparo-os a alguns concursados em cargos públicos. Odeiam o que fazem e o fazem por um mísero salário, em muitos casos, mas não buscam um emprego melhor, nem se esforçam para subir de cargo. Não buscam algo melhor e ainda se vangloriam de terem o trabalho assegurado! De o governo, não os poder demitir. Se vangloriam de seus próprios cárceres, que eles mesmos se impuseram.

Outro fator a analisar é a relação patrão-empregado. O patrão de um lado tenta explorar ao máximo o empregado e o remunera mal. Por outro lado, o funcionário se lamenta do salário, do trabalho, do patrão, etc. e não se esforça porque não é dono do negócio. Esquece-se que se a empresa for mal ele poderá não mais ter seu emprego. Enfim, esquecem-se ambos que um ajuda o outro. Que **a empresa só trabalhará bem quando patrão e empregado trabalharem em harmonia.** O patrão esquece que o funcionário não é escravo, mas sim alguém que lhe vende seus serviços. Esquece o funcionário que uma vez vendido o serviço este deve ser prestado com eficiência, ou não fará jus ao salário. Enfim se equivocam ambos os lados.

- Ainda, **é necessário nos qualificarmos para podermos conversar de igual para igual com pessoas de diferentes níveis sociais e profissionais.** Para isso a leitura de bons livros é indispensável. Devemos ser leitores assíduos. Nos aperfeiçoar em informática e falar diversos idiomas, devido à globalização. Hoje se pode fazer transações comerciais com qualquer empresa, em qualquer parte do mundo, sentado em uma cadeira dentro do escritório ou da biblioteca na própria casa, pela Internet. Esta é a tendência do mercado mundial. Quem não acompanhar este progresso estará liquidado e a evolução é rapidíssima.

De um mês para outro temos novidades na área da informática. Então entram os idiomas. Como se comunicar com o mundo sem ter uma língua em comum? Impossível. Vai à luta! Mantenha-se atualizado, ou fracassará. Estude! O coletivo só funciona bem quando os indivíduos se conscientizam de que cada qual tem que fazer sua parte.

Talvez você se pergunte: O que adianta eu fazer se ninguém mais o faz. Digo-lhe que muitos pensam diferente de você e estão fazendo a parte que lhes toca. Vale a pena fazer. Com certeza alguém que o vê o imitará e assim vai se formando uma corrente, então tudo começa mudar.

Gostaria de lhes contar duas estórias.

A primeira, de autoria de Wangari Maathai, é sobre um beija-flor: Certo dia ocorreu na floresta um incêndio de grande proporção e os animais se colocaram em fuga, menos o beija-flor. Ele apanhava gotas de água de um lago e atirava-as para o fogo.
A águia intrigada, perguntou:

– Você acha que vai conseguir apagar o incêndio com essas gotas?

– Sozinho, sei que não vou – respondeu o Beija-Flor –, mas estou fazendo a minha parte.

Envergonhada, a águia chamou os outros pássaros e, juntos, entraram na luta contra o incêndio. Vendo isto, os elefantes venceram seu medo e, enchendo suas trombas com água, também corriam para ajudar. Os macacos pegaram cascas de nozes para carregar água, no fim, todos os animais, cada um do seu jeito, acharam maneiras de colaborar na luta. Pouco a pouco, o fogo começou a debilitar e, de repente, o Ser Celestial da Floresta, admirando a bravura destes bichinhos e comovido, enviou uma chuva que apagou de vez o incêndio e refrescou todos os animais, já tão cansados, mas, felizes...

Pessoas como o beija-flor da estória são responsáveis pêlos grandes acontecimentos da história da humanidade. E você? Compara-se ao beija-flor ou ao elefante? Talvez você também pense que não mudará nada se fizer tua pequena parte. Digo-lhe que está muitíssimo enganado. Com certeza, muitas pessoas que estão tendo acesso a este meu relato mudarão suas vidas e, através delas, outras também se convencerão disso e mais outras e outras. E não sou só eu. Não sou o único no mundo a pregar e praticar isso. Somos milhões.

A outra estória, desconheço o autor. Ela conta de um povo que um dia decidiu construir um lago de leite. Construíram o lago. Só faltava enchê-lo. Para tal, combinou-se que na noite seguinte o lago seria enchido e, para tal, cada habitante se comprometeu de colocar um copo de leite no lago, então o mágico do reino faria com que nunca mais secasse e se mantivesse sempre saudável. Feito isso, o lago iria amanhecer transbordando leite. Porém, certo fulano, desonesto, resolveu que colocaria água no lugar de leite, pois um copo de água em milhares de copos de leite nunca seria percebido. E assim o fez. No outro dia, tamanho foi o espanto de todos ao olhar para o lago e ver um lago cristalino, transbordando água.

Acho que esta estória dispensa comentários.

Também tem a história de um povo que atravessou os Estados Unidos da América, desde New York até Salt Lake City, no Estado de Utah (isso representa atravessar o

Brasil de norte a sul, em distância). Guiados por um profeta chamado Joseph Smith e mais tarde por outro chamado Brigham Young, fugiam dos que não acreditavam em suas crenças e buscavam um local de sossego, onde pudessem adorar a Deus em paz e harmonia. Atravessaram rios e pântanos, montanhas, florestas e desertos. Enfrentaram, chuva, sol e neve. Famílias inteiras, usando apenas carroções, muitas vezes, na falta de animais, puxados por eles mesmos. Enfrentaram a doença, o frio, o calor, os rebeldes, que não os aceitavam, os então bravos índios americanos, sede, fome e muito mais. Estabeleceram seu povo em cidades que eles próprios construíram no meio do deserto americano. Construíram templos e igrejas e foram reprimidos até pelo governo americano, que se sentiu impotente, mediante a humildade e engenhosidade daquele povo. Hoje são milhões de adeptos só nos Estados Unidos e já estão estabelecidos em todo o mundo também aos milhões. Um povo que lutou para poder ser honesto. Para poder pregar e viver o amor divino na terra. Um povo que ousou ser fiel ao ponto de Deus abençoá-lo aos extremos, tornando-os um povo exemplar e rico. Este povo a que me refiro são sem dúvida o povo mais honesto e empreendedor sobre a face da terra. São denominados "Os Mórmons". Eles são até hoje caluniados, por invejosos e pessoas que ignoram sua realidade. Um povo, com certeza, como o beija-flor da estória que lhes contei. Enfim um exemplo em milhões, no mundo, que devem ser seguidos, independente de crenças religiosas. Deve-se seguir, sim, seus exemplos e então, com certeza, a prosperidade financeira e o bem-estar material e espiritual baterá à porta.

    Temos no mundo, muitos outros exemplos de povos engenhosos. Siga-os. **Tente se igualar sempre aos melhores, tente ser ainda melhor que os melhores e então este mundo será de prosperidade.** Será enfim um pedacinho do céu na terra.

Tenho algo muito importante a lhes dizer agora. Gostaria que prestassem muita atenção. Refere-se à longa escada que leva ao topo. À realização profissional.

O primeiro detalhe importante é que **não existe um único ser humano sobre a face da terra que já não tenha fracassado na trilha do sucesso. Fracassos acontecem, mas não devemos nos deixar abater por eles.** Com certeza, por pior que seja o fracasso, poder-se-á tirar proveito dele. Basta observar-se os porquês e os erros cometidos e buscar soluções para que futuramente os mesmos erros não sejam repetidos. **Não tenha vergonha de seguir em frente depois de um fracasso. Vergonhoso é se curvar. Se entregar. Mais vale a dor de uma derrota que a vergonha de nunca ter tentado.**

Gostaria de lhes contar a história de um de meus amigos. Certo dia, com o mínimo do mínimo possível de dinheiro, ele abriu seu negócio. Não tinha quase nenhuma noção administrativa, o que já é meio passo para o fracasso, pois o aperfeiçoamento profissional é o mínimo que se precisa para ter sucesso. Foram anos de lutas, aprendendo com os erros. Um esforço mútuo dele e de sua mulher. Lutaram muito. Trabalharam de manhã, tarde e noite. Seu maior erro: foi-se o hábito de ler, de passear de mãos dadas, de jogar bola, de se divertir e então a estafa veio. Os desencontros, devido ao cansaço físico e principalmente mental e finalmente a decisão do divórcio. Um amor profundo havia virado em desprazer e dor.

Porém, Deus abençoou-os nessa hora. Conseguiram vender o negócio. Herdaram algumas dívidas que só terminaram de pagar depois de alguns anos. Mas antes de concretizarem o divórcio, agora com a cabeça mais fria, começaram a resgatar tudo que haviam perdido.

Ele já tinha controle emocional novamente e ganhava um bom salário. Sua esposa, ainda com a filial, continuava muito estafada. Perdia o controle com frequência e insistia em não se desfazer do negócio. Muitas vezes o acusava de coisas que não devia e frequentemente o mandava embora. Ele, porém, agora muito mais experiente, ficou firme. Pondo os negócios em dia, mas jamais esquecendo do lazer. Apesar das críticas da pobre estafada mulher que o acusava de ser vagabundo, pois havia se acostumado a só trabalhar.

Ele começou então a analisar o porquê de ter fracassado. Começou a analisar e descobriu que um culpava o outro pelos próprios erros e jamais se elogiavam pelos acertos. Foi assim que o amor começou a desaparecer.
Isso é típico das pessoas. **O ser humano, na maioria das vezes, busca esconder o erro, acusando o mais próximo.** As vítimas são sempre os familiares, sócios ou empregados. Agindo assim, desprezamos o fato que a outra pessoa quando criticada, mesmo que com boas intenções, se põe na autodefesa e passa automaticamente a agir como oponente. Assim, além de se autodefender, passará a atacar, como forma de defesa. Isso então passa a ser recíproco, aumentando, dia após dia, trazendo a desintegração de um relacionamento, que até então era lindo. Portanto, não esqueça: **A crítica transforma amigos em inimigos.**

Por outro lado, **um elogio sincero amolece até um coração de pedra.** Porém, não esqueça que o elogio deve ser sincero. Para fazê-lo, apenas se abstenha de criticar os pontos negativos, apenas deixando, sutilmente, transparecer que não gosta disto ou daquilo, e passe a elogiar por todos os pontos positivos possíveis. Esta é uma maneira honesta de ser sincero em vez de fingir elogios. É muito importante fazer elogios na frente de uma pessoa admirada pela que recebe o elogio, pois isso eleva o ego e indubitavelmente muda sua postura com relação a você, pouco a pouco. Isso pode parecer difícil para você, mas lembre-se que sempre se começa com o primeiro passo e esse geralmente é o mais difícil. Portanto, vai em frente. Dê o primeiro passo.

Lembre-se de alguns pontos importantes:

Perseverança: Nunca diga estou acabado. **Jamais desista. Lembre-se que o desânimo derruba quase todos. Os que vencem na vida são os que superam o desânimo, que perseveram.**

Paciência: Esta lhe possibilita dar tempo ao tempo. As coisas, muitas vezes, não acontecem como e quando queremos. Tudo tem seu tempo. Tenha paciência, não esqueça! **A paciência é um dos atributos divinos.**

Bondade: Seja bom, **estenda a mão desinteressadamente e isso lhe renderá uma multidão de amigos e de benefícios.** Seja bondoso com todos e será admirado por muitos e se admirado será altamente favorecido. As oportunidades lhe abundarão dia após dia.

Simpatia: Você gosta de pessoas rudes ou prefere as simpáticas? **A simpatia fará que o amem pelo seu tipo de ser e isso lhe renderá a amizade.**

Amizade: Ter amigos alegra qualquer coração e com os outros atributos citados muitos benefícios surgirão. Quase toda a ajuda que recebemos vem de amigos ou mesmo sendo de um desconhecido, no momento que ajudamos ou somos ajudados, com certeza uma nova amizade surge.

Humildade: Ser humilde não significa desvalorizar a si próprio, como muitos pensam, mas pelo contrário, é se colocar no lugar que lhe é devido! Lugar de igualdade com o próximo. **Você só é superior ou inferior profissionalmente, mas como seres humanos, como filhos de Deus, somos todos iguais. Portanto, valorize o próximo, pois pode encontrá-lo ao subir, bem como ao descer na escada da vida.**

As escrituras nos trazem uma frase célebre: "Ame o próximo como a ti mesmo". (Levítico 19:18). Acredite se quiser, mas nisso se resume toda a sabedoria do mundo.

Manhã do dia seguinte

– Achei meio estranha a palestra do Edgar. Ele misturou relacionamento humano com religião...
– Mas, tem ligação!
– Ah, pai! Sei lá, mas confesso que senti algo dentro de mim quando ele falou de amor ao próximo.
– O amor é importante e nos ajuda a adquirir muitos amigos e tendo muitos amigos é mais fácil vencer na vida.
– Amanhã saio de novo atrás dos tesouros. Já consegui dois. Agora vou atrás do terceiro que é o diamante mais precioso do mundo.
– Por onde vai começar?
– Não sei. Vou pedir ajuda a um livro guia que ganhei. Ele me apontará o caminho a seguir.
– Por quê, voltou?
– Não sei! Segui o coração. Amo você, a mãe, os amigos...
– O amor é mesmo um tesouro precioso que temos em nossas vidas e realmente também estava com muitas saudades.
– Sim, eu sei! Na verdade, não sinto o desejo de partir. Talvez fique mais um pouco.
– Talvez teu tesouro esteja aqui!
– Talvez! Me sinto bem disposto. Acho que algo fantástico irá acontecer.

Dhay, então, decidiu ler seu livro e, meio decepcionado, foi falar com sua mãe, pois sabia que ela sempre tinha conselhos sábios a lhe dar.

– Procurei por uma resposta no livro, mas não achei nenhuma. Isso é muito estranho!
– O que você leu? Perguntou sua mãe.
– Li uma estória de amor, entre pais e filhos e amigos. Se passava em um bairro sem violência, onde se alguém achasse algo na rua devolveria ao dono e todos se ajudavam. Pura utopia.
– Deve ter algum sentido! Vamos pensar a respeito...
– Ah! Lembrei agora que o Beto, nosso novo vizinho da frente, está precisando de ajuda pra pintar a casa. Você é bom nisso! Poderia ajudar ele?
– Claro que sim. Afinal de contas, fazer um favor não custa nada!

Uma semana depois

– A casa ficou linda! Não ficou?
– Sim! Ficou maravilhosa! Mas diga, já se decidiu sobre onde começar a busca do tesouro?
– Não! Li o livro durante toda esta semana. Os primeiros três dias abri ao acaso e as três vezes abri na página daquela estória de amor. No quarto e no quinto dia abri propositadamente ao acaso, porém tomando o cuidado de abrir em locais diferentes. No sexto e no sétimo dias pensei em um número e abri nele.
– E então?
– Todas as vezes estórias diferentes. Todas estórias de amor. Agora sinto que não devo insistir.

Sua mãe resolveu então lhe falar o que há algum tempo já vinha pensando.

– Filho, estive analisando o que nos contou sobre sua viagem pelo mundo. Você demonstrou amor por muitos. O sábio demonstrou amor por você e o aconselhou buscar o diamante ou tesouro mais valioso. Você voltou ao Brasil e na palestra o Edgar falou sobre o amor e isso lhe chamou a atenção, pois você chegou a comentar o fato. Então você não cobrou nada pela pintura da casa do Beto. Fez isso por amor e, para completar, por uma semana o livro lhe mostrou somente estórias de amor...

– E daí, mãe?

– E daí, quero saber algo. Repita pra mim: qual tesouro você busca?

– O tesouro mais valioso do mundo.

– E o sábio já não o encontrou?

– Já. Porém, não quis me dar. Disse que eu teria que buscar o meu próprio tesouro, porque aquele era dele!

– Mas tesouro mais valioso é singular e não plural, portanto, só existe um!

– Isso que não consegui entender ainda!

– E qual é o tesouro mais valioso do mundo?

– Não sei. Acho que é um diamante gigante!

– Mas o sábio lhe disse que manteria o dele e você teria que buscar o seu. Como é possível se só existe um?

– Descobri, mãe! Existem dois tesouros iguais. Com o mesmo valor!

– Não, filho! Só há um tesouro!

– Pode ser mais clara? Não estou entendendo!

– Você viajou o mundo e foi guiado ao sábio. Também foi guiado à loja de plantas e finalmente até o vaso com a guaxuma. Finalmente de volta para casa. Sem contar o fato que teve muitas chances de provar seu amor.

– Ok, mãe e daí? Desembucha...

– Teu tesouro é espiritual e não material. O que acha que pode ser?

– Claro! O amor! Mãezinha, você é genial! Se for isso, já terei achado três tesouros! Isso é demais! O livro irá me confirmar se é isso mesmo ou não. Vou checar.

Dhay correu para seu quarto e abriu o livro ao acaso e seus olhos bateram em uma frase, um pouco abaixo do meio da página que dizia: "O conselho de uma mãe é um caminho certo que só os sábios conseguem trilhar!"

Havia descoberto o terceiro tesouro! Agora faltava descobrir qual seria o próximo.

Naquela noite, em uma rápida aparição, o ser iluminado lhe contou que o próximo tesouro era "a muda da árvore mais nobre." Não lhe deu uma única pista de como obtê-la. Aquilo deixava Dhay impaciente, mas não tinha opção, o ser iluminado aparecia quando queria e não quando era chamado. Despediu-se novamente dos pais.

– Buscarei a muda da árvore mais nobre, pois sei onde encontrá-la.

– Aonde vai encontrá-la?

– Os templos construídos para adorar a Deus usavam cedro do Líbano, por ser a madeira mais nobre. Irei para lá e acharei a mais linda muda!

– Filho! Você vai atravessar o mundo novamente?

– Devo. Mas desta vez será rápido. Tenho um destino certo e sei o que procuro. Será fácil.

Pontos a ponderar

– Sempre trace metas, pois é impossível chegar a algum lugar sem saber onde.
– As oportunidades vêm e passam rapidamente e geralmente vêm camufladas. Coisas que parecem ruins podem ser maravilhosas, e vice-versa.
– O otimismo e a determinação levam ao sucesso.
– Sonhar é bom e necessário, mas o sonho deve vir acompanhado de ações, então, sim, este se tornará realidade.
– O passado é ido, o futuro inexistente, o presente é real e palpável. Tudo deve ser feito agora.
– Nenhuma batalha poderá ser ganha sem ânimo.
– Devemos manter o pensamento em nossas metas dia após dia. Muitas metas são simplesmente esquecidas ou deixadas de lado porque não recebem a devida atenção.
– Algo que nos derruba é o medo que às vezes se disfarça de timidez. Se não encararmos as situações, não chegaremos a lugar algum.
– Se soubéssemos usar 100% de nossa capacidade mental, seríamos como Deus. Poderíamos

até mesmo criar planetas. Se você acredita que é capaz de realizar seu sonho, você o realizará.

– Uma conversa franca e esclarecedora pode, muitas vezes, mudar o destino de um homem.

– Nunca minta para seus clientes. Assim, com o tempo eles saberão que podem confiar em você e lhe darão preferência.

– Às vezes nos preocupamos com coisas banais, detalhes sem importância e nos afastamos do objetivo.

– Quando as coisas começam ficar difíceis simplesmente optamos por algo mais fácil, nos afastando assim de nossas metas. Daí vem o porquê de tantos são frustrados naquilo que fazem. Falta-lhes coragem de buscar o que sonham.

– Devemos estudar sempre mais para podermos atingir nossas metas.

– Uma empresa só funcionará bem e dará bons lucros quando patrão e empregados trabalharem em harmonia.

– É necessário nos qualificarmos e conversarmos de igual para igual, com pessoas de diferentes níveis sociais e profissionais.

– Tente se igualar sempre aos melhores, tente ser ainda melhor que os melhores e então este mundo será de prosperidade.

— Devemos ser leitores assíduos, pois isso nos traz conhecimento.

– Não existe um único ser humano que ainda não tenha tido algum fracasso na trilha do sucesso. Fracassos acontecem, porém, não se deixe abater por eles.

– Analise seus erros, bem como os de outras pessoas, para não os cometer novamente.

– Não se sinta envergonhado quando sofrer um fracasso. Vergonhoso é desistir!

– O ser humano, na maioria das vezes, busca esconder o erro acusando o ser mais próximo, isso é típico de perdedores.

– A crítica muitas vezes transforma grandes amigos em inimigos.

– O elogio sincero amolece um coração de pedra.

– Os vencedores, sem exceção, são os que perseveram.

– A paciência é um dos atributos divinos.

– Estenda a mão desinteressadamente e isso lhe renderá uma multidão de amigos e benefícios.

– A simpatia fará que o amem pelo seu tipo de ser e isso lhe renderá a amizade.

– Valorize o próximo, pois, se o está encontrando ao subir a escada da vida, poderá encontrá-lo também ao descer.

Capítulo VII

A muda da árvore mais nobre

Três dias depois

Aeroporto internacional de Guarulhos

Já dentro do avião, Dhay conhece um senhor um tanto interessante. Uma longa barba, até a altura do estômago, e aparência um tanto sofrida, demonstrando idade avançada, porém um homem muito forte fisicamente e também muito determinado.
– Para onde está indo, garoto?
– Nova York, depois Líbano.
– Eu fico em Nova York.

— Você mora lá?
— Não. Salt Lake, Utah.
— Verdade?! Já estive lá. Cidade muito linda e povo mui hospitaleiro.
— Sim! Ali repousa a mão de Deus.
— Creio que sim. Povo engenhoso, aquele. E também muito carinhoso.
— É...
— Chamou-me a atenção que em muitos mercados, não se vende nem cigarros, nem bebidas alcoólicas. Também achei interessante o Lago Salgado. Como pode! Isolado no meio do deserto, com água salgada!
— A cidade também oferece outras atrações turísticas.
— Conheci um rapaz muito interessante na praça do Templo Mórmon. Conversarmos por horas. Aprendi muita coisa naquele dia. Sentado lá, senti uma paz interior muito grande. Talvez por isso gostei tanto daquele local.
— Vou dar-lhe meu endereço, se um dia voltar lá, me visite. Vá com tempo para conhecer bem a cidade e o povo. Talvez jamais queira sair de lá.
— Tudo bem! Se for possível, irei.
— Vá mesmo. **Devemos sempre colocar atividades recreativas no nosso dia a dia. Isso elimina a estafa.** Muitas famílias às vezes se desintegram por só trabalharem.
— É verdade. Às vezes as pequenas coisas fazem grande diferença.
— Você é um jovem esperto. Sinto que será grande, então jamais esqueça suas metas, por mais distantes que possam estar, por mais difíceis que possam ser. Vá em frente. Trace metas intermediárias. Isso ajuda a alcançar o objetivo.
— Você já fez pão?

– Não senhor.
– Vamos supor que queira fazer. Parece difícil e complicado. Mas o que acha de colocar leite na bacia?
– Moleza.
– E misturar os ovos ao leite?
– Fácil.
– Assim são todos os outros passos. Se pensar neles individualmente e executá-los um a um, sem pensar em quão longe está o objetivo final, quando perceber, tudo estará concluído. Então jamais esqueça seu objetivo. Jamais desista dele.
– É. Eu sempre faço isso e ajuda bastante. Também **é importante prevermos as consequências do que iremos fazer. Pois às vezes não é lucrativo realizar o que temos em mente. Devemos sempre medir os prós e contras.**
– Ah! Sim. Devemos ter iniciativa e visão global. Também às vezes é necessário delegar funções, em vez de querer fazer tudo sozinho. Isso se chama trabalho de equipe e a função do chefe é delegar funções e não as executar. Quando estamos em posição de mandar ou mesmo se somos subalternos, temos que tomar muito cuidado com nossa língua. Tem um ditado brasileiro que ouvi muitas vezes quando estive no Brasil, que diz: "Em boca fechada não entram mosquitos". Muito sábio. É melhor se calar em vez de falar e magoar outra pessoa, que, se tornará uma inimiga, embora às vezes por motivo ou outro não demonstre. Para cativarmos uma pessoa temos que tratá-la de forma a não a magoar. Devemos também impor nossas ideias de forma sutil, porque às vezes as pessoas conseguem ir contra os próprios princípios só para não voltar atrás numa decisão.
– Existem pessoas assim, é?
– Pode crer. A maioria das pessoas também adora contar o que faz de sensacional, para se autovalorizar.

Quando não damos ouvidos e insistimos em falar, em vez de ouvir, elas estão fechadas, só esperando a oportunidade de falar. Se as ouvirmos, elas provavelmente gostarão de nós e passarão a nos admirar.

– Também é importante cuidarmos com o que dizemos, pois às vezes nossos inimigos estão vestidos com máscaras de simpatia, só tentando extrair algo que possam usar contra nós. "São lobos em peles de carneiros."

– Com certeza. Vou dar-lhe algumas dicas de como administrar, pois, certamente, um dia serão úteis.

1 – Adapte-se a diferentes situações. Aja para agradar as pessoas, porém, não se deixe dominar e **aja com simpatia e calma ou com rigidez e autoridade, conforme a ocasião exigir, porém não se exalte jamais.** Se for necessário impor sua autoridade, faça-o sem perder o controle e sem gritar.

2 – **Se os seus funcionários não são eficientes, treine-os ou substitua-os, caso contrário afundará o seu empreendimento.**

3 – Tome decisões bem estudadas, para que estas não lhe tragam consequências indesejáveis e tente sempre estar a par de tudo para poder tomar decisões imediatas e acertadas quando a ocasião o exigir, pois, às vezes, adiar algo trará consequências desastrosas.

4 – O líder deve ser bom e simpático, porém enérgico, quanto ao cumprimento de suas ordens. **O funcionário deve agir imediatamente e com perfeição. Adiar, nem pensar.** Faça de conta que o negócio do chefe é o seu, assim, se ele não lhe valorizar, outra empresa verá seu esforço e o fará. Então você crescerá rapidamente.

5 – Cuidado com os momentos difíceis. Quando tudo parece perdido, é a hora mais importante para manter a calma e não se precipitar nas atitudes.

– Uau! Estamos chegando em Nova York! Foi bom falar com o senhor. Obrigado pelas dicas.

– Deus o abençoe! E não esqueça. Sempre procure o que for bom e virtuoso, e mantenha-se longe de tudo que é impuro.

Beirute – Líbano

– Bom dia, senhor!
– Bom dia!
– Pode me dizer se há alguma árvore de cedro, por aqui?
– Sim! Esta árvore ao nosso lado é um cedro.
– Obrigado, senhor!

Dhay dirigiu-se para a árvore, ali estavam algumas mudas, mas como podia ser tão fácil? Algo estava errado! Foi então que viu uma placa dizendo "não pise na grama". Como poderia pegar uma muda se não podia pisar na grama? Olhou para todos os lados. Ninguém estava olhando. Hesitou, pois tentava sempre ser puro em pensamentos e ações. Então como faria para pegar a muda sem quebrar a regra? Se a quebrasse estaria desrespeitando a lei e consequentemente estaria sendo impuro. Decidiu procurar por outra muda de cedro. Agora já conhecia um cedro libanês.

Resolveu almoçar antes de continuar a busca. Estava exausto e faminto.

Depois de um almoço muito exótico, comparado com a comida brasileira, resolveu conhecer a cidade e, ao mesmo tempo, buscar sua muda de cedro.

Tudo estava correndo bem, nenhum problema estava tendo, pois o Líbano tem o inglês, árabe e francês como idiomas oficiais e o inglês evidentemente não era problema para Dhay.

Museu Arqueológico

Sua concentração naqueles ossos humanos milenares foi quebrada pela voz suave de uma mulher que em idioma inglês lhe falou.
– Museu fascinante, não?
– !? Ah, sim, coisas incríveis...
– Sou Lyn. Você não é daqui. É?
– Não! Sou americano! Do Brasil!
– Logo imaginei. A fisionomia do povo americano é inconfundível. Também sou de lá.
– Fazendo turismo?
– Sim.
– De onde você é?
– Okland, Califórnia. Conhece?
– Não. Quem sabe um dia...
– Qual o seu nome?
– Dhay.
– De onde no Brasil?
– Francisco Beltrão, Paraná. No sul do país.
– Nunca ouvi falar.
– Cidade pequena.
– Viajando com a família?
– Não. Sozinho.
– Eu também.
– Sério? Puxa! E seus pais?
– Estão na América.
– Sei... Que tal jantarmos juntos?
– Por que não! Eu adoraria.

Mais tarde no restaurante Al Halabi

– Quando volta para a América, Dhay?
– Não sei. Mas com certeza em poucos dias.

– Direto ao Brasil?
– É. Por falar em Brasil, já o conhece?
– Não.
– Está convidada.
– Ok! Talvez um dia...
– Não gostaria de visitar o resto da cidade em minha companhia?
– Você sabe que sim! Quando vi você, tive certeza que era importantíssimo conhecê-lo. Não pergunte por que, pois realmente não sei. Mas tem um motivo. Tenho certeza!
– Ulalá! Que honra!
– Não é bajulação. É que sigo sempre o coração. Sempre que seguimos o que alguns chamam de intuição, sei que é o Espírito Santo que nos guia, tudo vai bem.
– Senti o mesmo e sei que não é porque você é esplendidamente linda!
– Bajulador descarado!
– É verdade! Pena que não ficaremos muito tempo juntos.
– É...
– O que você acha do islamismo?
– Todos têm o livre arbítrio, respeito-os, porém sou cristã. E você?
– Também acredito em Deus e Jesus Cristo, mas não sou de ir à igreja, não.
– Eu vou todos os domingos.
– Muito bem... Em que hotel está hospedada?
– No Beirute Palace! Lado Norte.
– Eu estou no lado sul, no Mediterrâneo Hotel. Quem vai mudar? Você ou eu?
– Prefiro mudar. Não gostei do hotel. Porém, quartos separados. Questão religiosa. Espero que possa compreender.

— Claro! É uma mulher assim que pretendo desposar!
— Estou falando sério.
— Eu também. Pretendo conhecer melhor!
— Tudo bem, lhe darei meu endereço, na América.
— Você tem namorado?
— Não.
— Nesse caso, prometo ficar em contato. Internet, telefone...
— Legal! Quer me ajudar com as malas?
— Com certeza!

O sol nasceu lindo, digno de um cartão postal. Dhay acordou e a primeira coisa que pensou foi em bater à porta de Lyn, para desfrutarem juntos aquele momento mágico. Nesse momento, a campainha soou e lá estava ela, vestida e arrumada como uma princesa se arruma para seu príncipe. Um longo beijo e lá estavam eles a admirar aquele nascer do dia maravilhoso. Meia hora depois partilhavam o café da manhã. De volta ao quarto, Lyn visualizou o livro que o tem acompanhado de um lado para outro.

— Que livro é este?
— Conselhos para o dia a dia. Falando nisso, tenho que voltar ao Brasil.
— Estou indo a Israel. Vem comigo?
— Vou pensar!

Vários dias se passaram e Dhay, entregue às delícias que aquele namoro lhe proporcionava, não se deu conta que seus objetivos haviam sido deixados de lado.

— Leu então no livro: **não te desvie de teus objetivos. Mantenha-os sempre vivos em tua alma. Nada deve te deter.**

— Sim. Era hora de seguir em frente. Mas Dhay sabia, bem no fundo, que Lyn não havia aparecido ao acaso e sabia que não havia perdido tempo até então. Agora, porém, era hora de dizer adeus.

Despediu-se e foi atrás da muda de cedro, pois soube que a espécie mais nobre de cedros se encontrava em Sidon. Pegou o primeiro voo e deixou a capital Beirute.

Quando lá chegou, a noite já começava a cair. Dirigiu-se a um hotel e, deitado na cama, se pôs a pensar sobre as loucuras de sua vida. Tudo porque havia conhecido o ser iluminado. Pôs-se a pensar porque tão poucos conseguiam conhecê-lo. Teve certeza que as palavras ditas por seu amigo Rudimar Olkoski eram verdadeiras: "**As pessoas têm medo de sonhar!**" Era verdade, o ser humano é engraçado. Pensa: "Ah, se eu fosse o fulano ou então o beltrano seria muito feliz". Mas não ousam sonhar em conquistar o sucesso desejado. Acham que esta alegria é possível somente para os outros.

Mergulhado em seus pensamentos, lembrou-se de Raul Seixas. Considerado o maior rockeiro de todos os tempos no Brasil. Saiu da Bahia e penou muito, recebeu muitos nãos, com certeza pensou em desistir, muitas vezes, mas nem a fome, nem o frio, nem o medo o fizeram deixar de sonhar. Graças a isso, chegou ao topo.

Um ponto a ponderar é que nada acontece ao acaso. Tudo passa em nosso cérebro antes de praticarmos. Até o que fazemos, segundo dizem, por instintos e mesmo por reflexos. Partindo deste fato comprovado cientificamente, chegamos à conclusão que é necessário sonhar para poder realizar algo. Então **sonhe e se realize** ou **tenha medo de sonhar e se frustre.**

Porém, há diferentes maneiras de sonhar.

Há os que sonham e nada fazem para realizar o sonho. Isso é coisa banal. Só ficam na teoria. Têm medo da prática. Típico de perdedores.

Há os que sonham e traçam planos para realizar o sonho e trabalham arduamente para a realização do mesmo.

Comem o pão que o diabo amassou, como diz o ditado. Estou certo que pessoas que não sonham não têm chance alguma de se realizar. Os que têm medo de sonhar e por isso raramente sonham, também não têm chances de sucesso. Dos que são ousados para sonhar e trabalham para isso, poucos se realizam. Por quê? Porque não usam inteligência suficiente para tal. Ter sucesso exige mais que trabalho, exige trabalho árduo. Muito estudo na área específica! E isso poucos fazem. Exige astúcia, humildade, perseverança. Não pode jamais faltar a paciência e a força interior, para levantar quando cair (muita gente não se levanta nem da primeira queda). Porém, uma vida de sucesso significa doação e coragem para se erguer mil vezes, se necessário for. Pois, ao contrário do que muitos pensam, o sucesso não é feito de vitórias sobre vitórias. **Todos os seres humanos bem sucedidos acumulam derrotas em suas carreiras. Porém souberam erguer a cabeça e começar novamente.** Souberam vislumbrar a vitória final e **usar como experiências as próprias derrotas**. Assim se tornaram fortes e alcançaram o auge tão sonhado.

    O dia amanheceu e Dhay acordou com o barulho dos trovões. Era uma tempestade que há muito não se via. Desceu para o café da manhã.

    Era o primeiro café da manhã em Sidon e a mesa parecia vazia sem Lyn a seu lado.

    Após o desjejum, Dhay dirigiu-se ao saguão para ler o jornal. Concentrado na leitura, Dhay só se deu conta que um homem sentou ao seu lado quando este lhe dirigiu a palavra.

— Bom dia, senhor!
— Bom dia!
— Pela aparência, você é americano...
— Sim, senhor.
— De onde?

— Brasil.
— Brasil? Conheço o Rio de Janeiro, cidade linda.
— É verdade!
— A negócios?
— Não, turismo!
— Sou ministro do primeiro escalão aqui no Líbano.
— ...
— Tenho um negócio a lhe propor.
— Sou todo ouvidos...
— Tenho uma certa quantia de dólares. Sobra de orçamento. Coisa normal. Porém, não tenho como justificar a entrada em minhas contas. Para isso preciso fazer um depósito no exterior, para então resgatá-lo como renda de empresas de lá. Assim não há controle. E a entrada é justificada. Tudo legal!
— Sinto muito, senhor. Isso vai contra meus princípios morais e religiosos.
— Soma de vinte milhões de dólares. 33% é para você. Isso significa sete milhões e cem mil dólares! Só na primeira remessa! Essa transação pode ser feita com certa freqüência. Em breve, você será bilionário! É jogo fácil, sem riscos. Você abre contas em diferentes países, assim tudo fica camuflado. Quantias pequenas em cada conta. Você não precisa fazer nada. Só nos fornece os números de contas e faz os saques de nossa parte e nos repassa. Gastos operacionais e impostos é por minha conta. Teu total é líquido! Chance única na vida!
— Não obrigado! Agora, se me der licença...
Dhay então se dirigiu a seu quarto e ficou um tanto pensativo. Era uma chance única, realmente, de enriquecer muito rapidamente. Mas aquilo era negócio desonesto. Quantos não morriam de fome, de doenças, de frio, por falta de apoio? E o governo roubando-lhes as vidas,

ao desviar o dinheiro dos impostos. Tentou esquecer o assunto.

Resolveu então recorrer a seu livro novamente. Sentiu-se um pouco preocupado. Aquela viagem era para ter sido de um ou dois dias no Líbano e já se haviam passado semanas e ele não havia cumprido aquela missão tão simples.

Havia aprendido uma nova lição. **As coisas às vezes parecem simples, mas podem ser bem mais complexas do que demonstram.** Por isso toda a diligência pode ser pouca. **Nunca devemos subestimar nada, nem ninguém.** Um minuto de distração e podemos ter jogado fora toda uma vida. Atenção total é primordial.

Leu no livro: "Aquele que é limpo de mãos e puro de coração receberá as bênçãos do senhor". (Salmos 24:3-5).

Agora estava certo, havia agido corretamente. Ser puro era importante para ele desde sua infância.

O dia amanheceu lindo e Dhay levantou cedo, antes do dia clarear. Estava alegre e disposto a encontrar seu cedro.

Caminhou em direção à praça central e sentiu o desejo de sentar-se ali. Por duas horas uma voz interior lhe pedia que permanecesse, naquele local.

De súbito se viu frente a um pivete com uma pistola na mão e foi informado que aquilo era um assalto. Não reagiu. Entregou tudo. Com a arma na mão e esta discretamente dentro do bolso, o pivete obrigou Dhay a ir ao banco sacar todo seu dinheiro. Restaram-lhe apenas quinhentos dólares que haviam ficado no hotel.

Dhay voltou ao hotel e no caminho se encontrou com o ministro que havia conversado no hotel. Resistiu à tentação e foi em frente.

Chegando no hotel, o almoço já estava sendo servido. Sentou-se em uma janela de onde podia ver a linha do horizonte e mergulhou em pensamentos. Precisava decidir o que faria. Havia mais tesouros a conquistar. Sem contar a muda de cedro.

O restaurante já estava lotado quando Dhay se deu conta que lá estava um senhor de terno e gravata. Este se aproximou e lhe pediu se podia sentar-se no outro lado da mesa. Sentou-se, serviu-se e depois de alguns minutos começou a conversar com Dhay.

– Você é de onde?

– Brasil.

– Verdade!? Sou de lá também! De onde no Brasil?

– Francisco Beltrão, Paraná.

– Sou de Cascavel. Somos vizinhos, então.

– Puxa! As chances de se encontrar alguém da mesma região em local tão distante são mínimas.

– Sou empresário. Estou aqui a negócios. E você?

– Turismo.

– Gostando?

– Ah, sim. Está muito divertido. Arrumei até uma namorada. Ela é dos Estados Unidos. Está em Israel agora. Talvez um dia a visite. Mas estou me esforçando para esquecê-la. A distância é muito grande e de certa forma estamos presos ao país em que vivemos.

– Não se preocupe. **Se algo é para ser seu, ninguém pode lhe tirar, a não ser você próprio.** Se deseja algo, faça tudo para tê-lo e decrete em seu subconsciente que assim será. Então terá, com toda certeza. Porém, se você não der importância, é o mesmo que decretar que não o quer e o perderá. Lute com vontade e fé e terá tudo que desejar.

– É possível!

– É certo! Lindolf Bell disse uma frase muito sábia. "Menor que meu sonho, não posso ser!" Muito de nosso talento é desperdiçado por falta de audácia. Se me permitir falar-lhe um pouco sobre mim...

– Vá em frente. Ouvir é uma dádiva que possuo!

– O sucesso vem recheado de fracassos. Quando sentei nesta mesa o fiz por ter percebido que algo ruim havia acontecido a você. Ninguém é bem sucedido em todas as situações. Coisas ruins acontecem ao longo de nossas vidas, porém muitas destas coisas vêm para o nosso bem. Posso ajudá-lo em algo?

– Não! Mas mesmo assim sou agradecido! Só estou um pouco triste porque fui assaltado e fiquei quase sem dinheiro, mas isso não é um problema para mim. Pode ter certeza que amanhã estarei bem. Agora mesmo estava traçando planos para conseguir dinheiro para voltar ao Brasil já que o menino zerou a minha conta bancária, mas realmente não quero que se preocupe comigo. Sei como superar esse tipo de problema.

– Não se desespere, pois tudo se resolve no seu devido tempo. Sofri um fracasso financeiro e fiquei totalmente endividado. Só então descobri como ganhava bem e como havia investido mal o meu dinheiro. Só então descobri que se tivesse poupado poderia ter juntado uma pequena fortuna, mas não o fiz. Comecei então a lutar arduamente e hoje estou muito bem e aprendi como economizar. O seu caso é diferente, mas faz você pensar. Isso servirá de força para animar você na próxima vez que estiver por baixo. Tem um ditado americano que gosto muito: "Never say die" ("Nunca desanime"). Ânimo é a força propulsora que nos leva ao topo. Lembre-se: "Ninguém pode alcançar o sucesso por você" (Jo Couder). Se você lutar arduamente, vencerá. Sempre me lembro de Spencer W. Kimball. Foi um grande orador e era rouco. Ele não se amedrontou. Superou o problema. Falava tão bem que sua rouquidão era ignorada ante a profunda mensagem que deixava para as pessoas que o ouviam. Muitos buscam a felicidade na fama. Eu, porém, lhe digo que fama não é propriamente sucesso.

– O que é sucesso para você?

– Sucesso é poder fazer o que se gosta da forma que se gosta. Sucesso é ser feliz. E para tal você tem que fazer o que gosta. Descubra o que realmente gosta de fazer e trabalhe com isso e terá descoberto a essência do sucesso. Lembre-se também que não devemos nos atemorizar diante dos fracassos, já que, como disse antes, este faz parte da estrada do sucesso. Devemos sim tirar lições destes e continuar no rumo à realização. Faça o que o deixa feliz e saberá o que é felicidade.

– Você está certo. Isso me fez lembrar de uma frase de Dale Carnegie: "Me sentia derrotado por não ter sapatos, até que certo dia encontrei um homem que não tinha os pés".

– Pois é... basta olharmos para o lado e saberemos quanto somos abençoados. Um palestrante chamado Edgar Farinon disse algo que me marcou: "Temos que nos concentrar nas coisas que estão certas e fazer delas a base para consertar as que estão erradas, ao invés de nos apegarmos ao que dá errado e viver na auto piedade e deixar que estas estraguem o que está certo". Schopenhauer disse uma grande verdade: "Sempre pensamos no que não temos, mas jamais no que temos. Essa é a grande desgraça do mundo".

– Vejo que você também tem o hábito da leitura. Parabéns. Só os bons leitores podem adquirir conhecimento suficiente para se tornarem grandes. Através da leitura podemos partilhar das grandes verdades ditas pelos maiores gênios que passaram sobre a terra e aperfeiçoar este conhecimento nos tornando sábios também. Ler é uma das boas coisas da vida. Só os que adquirem este hábito podem entender a profundeza destas palavras. Vale a pena desfrutar este benefício concedido a todos gratuitamente. Bem disse Borghild Dahl em seu livro Eu Queria Ver: "Existem dois objetivos na vida de um ser humano! O primeiro é conseguir o que se almeja e o segundo é desfrutar o que se conseguiu", e complementou com uma frase que tenho escrita em um bilhete grudado na parede de minha biblioteca, exatamente à frente de meus olhos sobre a escrivaninha: "Só os mais sábios desfrutam o que conseguiram". Muitas vezes eu reclamava para mim mesmo da vida que levava. Até que aprendi a ver a vida que levava no passado. Aos poucos fui conseguindo aquilo tudo que sempre sonhei, mas não me dava conta. Continuava a me lamentar pelo que ainda não tinha, sem perceber o que já havia adquirido. Por exemplo, quando eu e minha mulher casamos, tínhamos uma mochila cada, um pouco de dinheiro no bolso que dava para um mês de comida e um mês de aluguel. Na época, eu sonhava em possuir uma casa grande, com biblioteca e sala de estar com sofás confortáveis. Só passei a amar o fato de deitar no sofá ou estudar na biblioteca um ano após ter adquirido estas coisas. Simplesmente perdido nos sonhos, esqueci de desfrutar o que já tinha. Só me dei conta disso quando li a frase citada por Dahl. Por isso sempre observo e vejo que a maioria das pessoas, na vontade de adquirir mais, esquecem de usufruir o que já possuem! Não me permito cair nesse erro. Mas diga-me: qual é seu nome?

– Dhay.

– Sou José. Muito prazer!

– Estou no 504, se quiser continuar a conversa apareça, me encontrará à noite.

– Tudo bem! Até à noite!

Mais tarde no apartamento 504.

– Dhay, amanhã vou voltar ao Brasil no voo das 21 horas. Você pretende voltar quando?
– Assim que possível! No máximo semana que vem.
– Posso te ajudar? Te pago as despesas de volta.
– Tudo bem! Em breve te devolvo.
– Imagine! Isso é nada.
– ...
– Viajamos amanhã?
– Talvez. Preciso fazer uma visita a um plantador de cedros e então estou liberado.
– Muito bem. Aqui tem o valor necessário para cobrir as despesas de volta. Se puder, será um prazer viajar contigo, caso contrário, boa viagem! Se um dia puder retribua o favor que estou lhe fazendo a alguém necessitado.
- Está bem! Aqui está meu cartão. Se precisar, me procure.
– Aqui tem o meu. Se puder, venha conhecer minha família em Cascavel.
– Obrigado por tudo. Deus te proteja!

Agora Dhay já tinha o dinheiro para a viagem, só faltava a muda de cedro. Dhay caminhou o dia todo e encontrou muitas árvores de cedro, porém nenhuma muda. Procurou também por alguém que vendesse mudas, mas não obteve esta informação. Como podia ser? No país dos cedros não conseguir uma única mudinha. Considerou-se um fracassado. Pensou em voltar ao Brasil e arrumar um trabalho e viver uma vida normal. Aquilo tudo às vezes era tão cansativo... Resolveu pesquisar o livro novamente. "Nós somos o que pensamos" foi a frase escrita, a única da página. Dhay então pensou: – "Bom, se é assim! Então sou um fracassado! Vou desistir!" Largou o livro e se jogou na cama. Partiria no primeiro voo. Adormeceu e só acordou no dia seguinte. Olhou para o relógio. Marcava 8 e 30 da manhã. Levantou, tomou um banho e arrumou-se para viajar. Guardou suas coisas nas malas e, quando foi pegar o livro, deu-se conta que já não estava mais aberto na página que lera no dia anterior. Como mudou, não pôde saber. Provavelmente o vento, já que pousara de janela aberta. Na página vinte e sete, uma frase lhe saltou aos olhos: "O esforço persistente é o ponto entre o sucesso e o fracasso". Sentou-se na cama. Precisava reavaliar a situação. Talvez devesse perseverar. Talvez a frase "nós somos o que pensamos" significasse que tinha que mudar a forma de pensar. Quem sabe deveria ver-se a si mesmo como um vencedor e não como um perdedor. Talvez pudesse vencer este obstáculo. Na pior das hipóteses, ficaria sem dinheiro e teria que trabalhar novamente para ganhá-lo e voltar ao Brasil. Orou com muita fé, sabia que ao que crê tudo é possível (Mateus 21:22).

  Desceu para o refeitório e depois de seu desjejum dirigiu-se para a recepção do hotel, para ganhar a rua e continuar sua busca. Ao olhar para o recepcionista para cumprimentá-lo, seus olhos lhe saltaram. Lá estava uma linda e imponente muda de cedro, no vaso decorativo.

  – Moço, será que poderia levar aquela muda de cedro?

  – Sinto muito, mas é de estimação.

  – Posso pagar bem por ela. Gostei mesmo.

  – Sinto muito, não está à venda mesmo.

  – Mas...

  – Não, mesmo.

  – Está bem. Posso saber onde comprou-a?

  – Não comprei. Plantei. Não conheço ninguém que plante mudas de cedro.

  – Onde conseguiu a semente?

  – Ah, isso é fácil. Daqui a dois meses, todas as árvores estarão cheias de sementes.

– Puxa! Gostaria de ir embora hoje e não poderei esperar, mas gostaria muito de ter uma árvore como esta!

– Não tem problema! Espere um minuto.

Dentro de três minutos o recepcionista voltou com um pacotinho na mão.

– Aqui está. Tem pelo menos umas trinta sementes. Posso colher mais para mim, se quiser.

Dhay sentiu-se leve. Estava desistindo depois de ter feito todos os esforços. Só faltava um último passo. Era verdade, o esforço persistente era o ponto entre o fracasso e o sucesso e ele era o que pensava: um sucesso.

Pontos a ponderar

– Devemos sempre ter um tempo para atividades recreativas no nosso dia a dia. Isso elimina a estafa.

– É importante prevermos as consequências do que iremos empreender. Às vezes é melhor desistirmos de algo sem muita importância para poder realizar algo de mais valor. Meça os prós e os contras.

– Aja com simpatia e calma ou com rigidez, conforme a ocasião exigir, porém, jamais se exalte. Se necessário mostrar sua autoridade, use-a sem perder a calma e sem se exaltar.

– Se os seus subordinados não são eficientes, treine-os e, se necessário, substitua-os, ou afundará com sua empresa.

– O empregado deve agir imediatamente após a ordem e com perfeição. Adiar, nem pensar.

– Não se desvie de seus objetivos. Mantenha-os sempre vivos em sua mente. Nada deve detê-lo.

– As pessoas têm medo de sonhar. (Rudimar Olkoski).

– Tudo passa por nosso cérebro, antes de praticarmos. A partir daí, conclui-se que é indispensável sonhar para poder realizar algo.

– Pessoas que não sonham não têm chance alguma de se realizar.

– Todos os seres humanos bem sucedidos acumularam derrotas em suas carreiras, porém souberam erguer a cabeça e recomeçar.

– Use como experiência as derrotas passadas e não as cometa novamente.

– As coisas às vezes parecem simples, mas podem ser muito mais complexas do que demonstram. Nunca devemos subestimar nada nem ninguém.

– Se algo é para ser seu, ninguém pode lhe tirar, a não ser você próprio.

– Menor que meu sonho não posso ser. (Lindolf Bell).

– Muito de nosso talento é desperdiçado por falta de audácia.

– Ninguém pode alcançar o sucesso por você. (Jo Couder).

– Sucesso é: poder fazer o que se gosta da forma que se gosta.

– Descubra o que gosta e trabalhe com isso e terá descoberto a essência da realização profissional.

– Basta olharmos para o lado para sabermos o quanto somos abençoados.

– Temos que nos concentrar nas coisas que estão certas e delas fazer a base para consertar as que estão erradas.

– Sempre pensamos no que não temos, mas jamais no que temos. Essa é a grande desgraça do mundo. (Schopenhauer).

– Só os bons leitores podem adquirir conhecimento suficiente para se tornarem grandes.

– Através da leitura podemos partilhar das verdades ditas pelos maiores gênios que passaram sobre a terra e aperfeiçoar este conhecimento nos tornando sábios também.

– Existem dois objetivos na vida do ser humano: conseguir o que se almeja e desfrutar o que se conseguiu. Só os mais sábios realizam o segundo. (Borghild Dahl).

– O esforço persistente geralmente é o ponto entre o sucesso e o fracasso.

Capítulo VIII

A abelha operária

Dhay deixou o hotel e foi para a praça onde havia sido assaltado. Sentou-se no mesmo banco e pôs-se a pensar se voltaria ao Brasil ou não.

Resolveu consultar o livro para saber se voltava ou não, e para saber qual deveria ser o próximo tesouro a buscar. Abriu o livro e leu: No néctar da planta, sinto o doce de meu amor que próximo está.

Pensou a respeito. Não conseguia compreender aquela mensagem, parecia estar em código.

Pensou em Lyn. Podia ser ela, seu amor. Néctar tinha a ver com abelha, mas seu amor era norte-americana e a América era muito longe dali.

Andou ao léu e, passando pela frente de um bar, ouviu alguém cantando. Teve uma ideia. Não voltaria ao Brasil até entender a mensagem do livro. Resolveu reforçar seu caixa. Procurou serviço em alguns bares e, depois de quatro horas e vários estabelecimentos visitados, foi contratado para tocar em um bar frequentado por casais. Acabou ficando por lá um mês inteiro. Já com um bom dinheiro no bolso e muito feliz, por poder tocar novamente, caiu na cama da pensão onde estava e sentiu que já era hora de abrir o livro novamente. Lá estava escrito: tão arduamente trabalham, doces abelhinhas, porém teu amor que tentas esquecer agora longe está.

    Tudo ficou muito claro. Lyn estava bem próxima do Líbano. Estava em Israel. Agora estava longe, devia ter voltado para a América.

    Sentiu-se um pouco triste. Poderia ter visto Lyn novamente, se tivesse entendido a mensagem inicialmente. Porém, o que significaria "tão arduamente trabalham, doces abelhinhas?"

Tel-Aviv

Hotel Imperial

    Dhay já hospedado no Hotel decidiu sair e conhecer a cidade. Visitou museus, sua paixão. Foi a lojas de instrumentos musicais e pontos turísticos da cidade. Durante suas visitas se informou sobre criadores de abelhas. Descobriu que as pessoas nada conheciam a respeito de abelhas, mas que em Jerusalém havia um criador de abelhas. Negócio pequeno! Só o descobriu por ter encontrado um rapaz de lá, na sua visita a um museu. Ficou uma semana em Tel-Aviv, e visitou muitos bairros da cidade. Acessou a Internet e localizou em Jerusalém alguns pequenos criadores de abelhas. Dirigiu-se para lá.

Chegando em Jerusalém conheceu um homem que era palestrante e decidiu ir a sua palestra naquela noite. Lá aprendeu coisas que lhe serviram para o resto da vida. Com estas palavras, o palestrante expressou suas idéias e conhecimentos:

– Prezados senhores, prezadas senhoras, meu discurso de hoje é baseado nas palavras de nomes memoráveis, porém antes de iniciar quero lembrá-los que, segundo estudiosos, o ser humano não usa mais de 8% de sua capacidade mental. Com 8%, como pode o homem calcular? Como teremos capacidade de calcular o total da capacidade humana para então chegar ao denominador 8?

Também as escrituras dizem que somos deuses (João 10:34), então como tal podemos criar mundos, etc. Creio que isso é usar 100% da capacidade mental que Deus, nosso Pai Celeste, nos deu. Partindo deste principio talvez não usemos nem 1% de nossa capacidade total!

Só cito esse fato para compreenderem que nosso poder, para a compreensão humana, é ilimitado e tudo que crermos sem dúvida se realizará. **"Ao que crê tudo é possível"**, disse Jesus Cristo. (Marcos 9:23).

Portanto, o que falarei aqui não é sonho nem fantasia, é real!

Disse Dale Carnegie, sobre como conseguir ter as coisas: **precisamos ter um profundo e dinâmico desejo de aprender,** uma vigorosa determinação para aumentar nossa habilidade no trato com as pessoas".

Sim! Conquistes os corações e terás conquistado o mundo! Se magoares um coração ele se fechará para ti e tudo o que depender dele você não conquistará, portanto, seja prestativo. Seja amigo. Seja fiel. Trate o próximo como te tratas a ti próprio e conquistarás tudo na vida.

Dale também sugere que façamos uma análise semanal dos acontecimentos e anotemos os erros cometidos. Então analisemos e busquemos saber a maneira certa que devíamos ter agido para, no futuro, sabermos como agir em situação semelhante.

Isso é muito importante, pois pesquisei e descobri que cometemos os mesmos erros dos antepassados. Sabem por quê? Porque não nos aconselhamos com os mais velhos e porque sempre achamos sermos donos da verdade.

A crítica é um grande mal que aflige nossa sociedade.

À noite, ao chegar em casa, analise as situações que discutiu com alguém e conte em quantas admitiu o erro. Provavelmente em nenhuma!

John Wanamaker comenta que a crítica põe o outro lado na defensiva, fazendo-o não admitir o erro. A crítica fere o orgulho alheio. Assim sendo, te digo que **é mil vezes melhor se calar do que criticar.** Porém, sempre que possível, elogie, pois o elogio amolece qualquer coração e faz a outra pessoa se esforçar mais em fazer o que é certo para poder receber mais elogios.

Portanto, se quiser mudar alguém, não critique. Não esqueça que todos erramos, portanto, comecemos a mudar nós mesmos. Acha difícil? Mui mais difícil é mudar alguém contra sua vontade!

Benjamin Franklin conquistou as pessoas com sua simpatia. Sabem qual era seu princípio? **Não falar mal de ninguém e falar tudo de bom que souber, de cada pessoa.** Tente! E muito cedo colherás os resultados.

Se imagine sendo elogiado por alguém que lhe julga dez anos mais jovem! Pois é, todos nós gostamos de ser elogiados. Elogie e transformará inimigos em aliados e amigos em irmãos. Elogiar é uma das mais poderosas armas que dispomos. Útil em qualquer situação. Imagine seu maior inimigo. Ele vê você se envolver em um acidente de trânsito e então no tribunal ele diz: "Ele foi o único culpado. Eu vi". Você o odiaria mais ainda, não é? Agora, imagine-o dizendo: "Ele causou o acidente, mas não foi proposital.

Pude vê-lo fazer todo o possível para impedir, mas, apesar de seu esforço, não conseguiu. Ele é um bom homem e tentou não causar mal a ninguém". Você não o amaria naquele momento? Não esqueceria o rancor e lhe apertaria a mão em gesto de amizade? Não se sentiria eternamente grato a ele por sua absolvição? Pois é... **"Se não tem algo bom a falar, cale-se!"** Afinal, o fato de os erros do outro serem diferentes dos seus não o torna melhor!

Agora lhe contarei uma história verídica: certo funcionário em determinada empresa era o melhor na sua função, indubitavelmente. Porém, as promoções eram dadas para os colegas infinitamente inferiores em qualidade de trabalho. Sabe por quê? Porque eles sabiam cativar o líder melhor que ele! Agora lhe dou um conselho: analise as pessoas, inclusive os superiores, no seu trabalho. Descubra como tratá-los de maneira que gostem de você. Então será bem-sucedido. É claro que sempre deve tentar ser o melhor profissional. Mas é primordial cativar os seus superiores. Me refiro a ser dócil e prestativo com as pessoas.

Para provar que o que digo é verdade quero que pense no amigo ou amiga que mais gosta... Pense sobre o que conversam... como esta pessoa lhe trata e como você trata ela... Agora pense no que mais gostam de conversar e de como gostaria de ser tratado por todos... Não tenho dúvidas que o tratamento recebido de seu amigo ou amiga e os assuntos geralmente abordados são exatamente os mesmos que você aprecia. Por isso você considera essa pessoa sua melhor amiga!

Dê às pessoas o que elas gostariam de ter, trate-as como gostariam de ser tratadas, diga-lhes o que gostariam de ouvir, então você estará dentro de seus corações e receberá tudo o que quiser delas.

Por outro lado, fale sobre o que determinada pessoa odeia, insista nisso dia a dia, trate-a como não gosta de ser tratada, esqueça de elogiá-la por seus feitos e terá conquistado um perfeito inimigo. Essa pessoa jamais lhe proporcionará uma única chance de progresso.

Pior de tudo é que a maioria das pessoas faz exatamente isso. Odeia o chefe, e sem saber deixa transparecer. Cada vez se afasta mais e não demora muito, a corda estoura do lado mais fraco. Lá se vai o funcionário para outro mísero trabalho e lá vem outro ter sucesso em seu lugar.

Agora falarei aos líderes, pois sei que a maioria aqui é superior a alguém. Deixe-me iniciar com as palavras de Charles Schwab. Disse Charles: "Não há meio mais hábil de matar as ambições de um homem do que a crítica de seu superior. Nunca critico quem quer que seja. Acredito no incentivo que se dá a um homem para trabalhar. Assim, sempre estou ansioso para elogiar. Mas repugna-me descobrir faltas. Se gosto de algo sou sincero na minha aprovação e pródigo no meu elogio".

Faça-o e sentirá o prazer de ver seus subordinados se dedicando cada vez mais e terás um quadro de funcionários primordial.

Isso se aplica também no lar. **A crítica está presente em 100% dos casamentos desfeitos.** Quer conquistar o cônjuge? Elogie-o!

Vou lhes contar algo baseado em fatos científicos: a mulher tem muitas formas de mostrar amor. Uma delas é mantendo a casa limpa, etc. Porém, não demonstram claramente seu amor. Esperam que o marido perceba. Este, por outro lado, raramente percebe, pois é da natureza do homem não ver detalhes. Vê tudo como um todo.

O homem, por sua vez, geralmente expressa seu amor através do sexo e trabalhando duro para trazer o sustendo da família. Não se importa se tiver que passar fome, mas luta até o fim para dar do bom e do melhor para os entes queridos.

A mulher, por natureza, não percebe esta forma de amor e acha que o grande desejo por sexo da parte do marido é só por prazer carnal. Nada mais longe da verdade! Estas são algumas maneiras de um e outro expressarem amor.

Elogie, valorize, reconheça o esforço do cônjuge e terá amor e atenção em troca.

Uma última observação. O elogio em público é o golpe final para a conquista! A outra pessoa se sentirá valorizada e jamais esquecerá.

Ao contrário, a crítica em público a fará odiar você!

Falei tanto de elogios. Deixe-me frisar: quando falo em elogio, me refiro a algo que vem do coração. Cuidado com a bajulação. Isso não é elogio e a pessoa que a recebe tem um instinto que a identifica. A bajulação ao invés de ajudar atrapalha. Busque no íntimo de sua alma algo que seja digno de elogio, na outra pessoa e a elogie. Não critique e também não bajule. O silêncio é mil vezes melhor que a mentira!

Dale Carnegie cita em seu livro *"Como fazer amigos e influenciar pessoas"* o fato que, **quando queremos algo, temos que mostrar as vantagens que a outra pessoa terá nos ajudando, e não as que nós teremos**. Por exemplo, se você está à procura de trabalho, afinal tem dívidas, família a sustentar, etc. Cite as vantagens que a empresa terá contratando você. Assim terá chances reais de ser contratado. O que afirmo com convicção é que ninguém faz o que faz para ajudar os outros, mas para ajudar a si próprio. Se a empresa resolve lhe contratar, é porque precisa de você, não porque você precisa dela. Portanto, para conseguir algo, mostre as vantagens que a pessoa terá se fizer conforme sua vontade e terá grandes chances de êxito.

Para tal é necessário um pouco de psicologia. É necessário entender o que a outra pessoa pensa e almeja e então sutilmente mostrar-lhe que pode dar-lhe aquilo que ela busca. Para tal às vezes basta deixá-la falar, ser um bom ouvinte e fazer as perguntas certas no momento oportuno. Então mostre-lhe que pode dar-lhe o que ela precisa. Se a outra pessoa percebe que você vai dar-lhe o que ela almeja, então você já a conquistou e terá em troca o que quer. Bem diz o provérbio: "É dando que se recebe". Tudo é uma questão de troca. Só os preguiçosos querem apenas receber e estes não crescem na vida.

Doar-se é uma ótima maneira de fazer amigos. As pessoas só o admirarão quando perceberem que você consegue doar-lhes algo. Tenho um exemplo bem claro: "Certo jovem mudou-se para outra cidade e, chegando na igreja evangélica a que pertencia, novato que era, sentiu-se meio constrangido, mas, na chegada um "irmão" veio lhe dar as boas-vindas, e começou a dialogar. Logo em seguida outros três ou quatro vieram conversar com ele, fazendo-o sentir-se em casa. Outros apenas o cumprimentaram, alguns ainda o ignoraram. Sabem de quem se tornou amigo? Dos que lhe deram maior atenção e apreso, lógico! Era isso que ele queria receber ao chegar. Em contrapartida ele se dispôs a ajudá-los em que precisassem. O maior exemplo em servir foi o mestre Jesus. Ele veio para servir. Por isso o amaram tanto. Ele disse: "Quem quiser ser o maior, faça-se o menor." Em outras palavras, se quer ser servido pelo mundo, deve primeiro servi-lo, para então colher os frutos de seu ato. Ofereça amor e amor receberá. Ajude e será ajudado. Sorria e receberá um amigo. Porém, ignore o próximo e este o ignorará. Isso tudo é válido tanto na vida pessoal como profissional."

Um sábio conselho que lhe dou para saber como tratar os outros é que os trate como gostaria de ser tratado se estivesse em situação semelhante. Se fizer isso, com certeza será um vencedor. Este é um dos maiores segredos do sucesso. Poucos o conhecem, por isso poucos são bem sucedidos.

Certo tempo atrás estive em uma empresa ministrando uma palestra e vi que os funcionários usavam um botton com o desenho de dois olhos e uma boca sorrindo. Um desenho simples; dois pontos pretos e uma curva. Logo abaixo escrito: "SORRIA". Que lindo! Realmente me marcou. O sorriso é indispensável. Onde estiver, sempre que olhar para alguém, faça-o com alegria e um sorriso nos lábios. **Um sorriso cativa qualquer um.** O sorriso é também muito importante ao telefone. Fale com alegria, porém sem exageros de entonação. A alegria na voz é sentida pela pessoa do outro lado da linha. Fale com as pessoas, como se estivesse falando com um familiar. Fale com a mesma alegria que falaria com eles. Sem usar os termos carinhosos, é claro!

Cuide-se com as lamentações! São uma praga contagiosa. Tenho dois exemplos. O primeiro é de um casal que só discutia os problemas em particular. Sempre expressavam alegria diante dos filhos. Estes eram alegres e normalmente não reclamavam das coisas. Pelo contrário, sempre tentavam melhorar as situações, fazendo assim, do lar, um ambiente sempre agradável. O outro exemplo é de uma empresa. Todos os funcionários que conheci (em torno de 50) tinham sempre a mesma resposta. Quando eu lhes cumprimentava e lhes perguntava como estavam, me respondiam: "Cansado. Trabalhei muito e amanhã terei muito a fazer novamente". Nesta ocasião, montaram-se algumas turmas para um curso de inglês. Todos chegavam reclamando que a cabeça estava cansada e não aprenderiam nada. Resultado: fracasso total! Todos desistiram antes do término do curso!

Agora, eu pergunto: "A empresa estava escravizando-os?" Não! Não estava. Trabalhavam apenas oito horas por dia. O problema foi que a administração não se deu conta que um círculo vicioso de lamentações pouco a pouco se formou. Um reclamava, o outro copiava, e assim por diante.

Resultado: a administração foi substituída e os funcionários, reeducados. Os que não entraram no novo clima, que era de alegria, foram demitidos.

Não se lamente. Você não imagina como isso é contagiante e se espalha rapidamente. Veja o seu país. Talvez vocês tenham liberdade, casa, alimentação, saúde gratuita, etc., porém mesmo assim, sempre que podem, gastam horas falando mal do governo e se lamentando do que não tem, em vez de serem gratos pelo que já conquistaram. Vi isso acontecer nos Estados Unidos, Brasil, França e muitos outros países com uma vida muito melhor que a de vocês.

No dia seguinte, Dhay parou em frente a um vendedor ambulante que o chamou pelo nome e lhe ofereceu uma poção, a qual ele chamou de mágica. Dhay ficou assustado. Como sabia seu nome? Seria o ser iluminado?

Antes que Dhay pudesse perguntar, como que lendo seus pensamentos, respondeu:

– Sei teu nome, sei muito mais. Sou mágico.

– Legal! Me ensina esse truque!

– Não é truque. Não sou mágico de truques. Sou um mago.

– Magos não existem!

– Que pena que não acredita! Poderia guiar você ao próximo tesouro: "a abelha-operária".

– Claro que magos existem! Imagina...
Você mesmo tem toda a pinta de ser um grande mago.

Brincou Dhay, como que pedindo sua ajuda.

– Sei tudo, vejo tudo, eu sou "O Mago"!

– E quanto a abelha-operária custa?

— Não trabalho por dinheiro. Porém, não posso simplesmente lhe dar. Vou mostrar-lhe como consegui-la. Então terá que buscá-la sozinho.
— O que devo fazer?
— Deve penetrar no sobrenatural.
— Para encontrá-la terá que ir além desta vida.
— Onde?
— No íntimo da sua alma. Para pegá-la terá que viajar além de sua imaginação.
— Como devo agir?
— Basta ter o desejo. Se desejar do fundo de seu coração, conseguirá. Se assim não for, poderá voltar ao Brasil e esquecer o ser iluminado e o poder ilimitado.

— Por que isso?
— **O poder ilimitado está dentro de você!** Agora você terá que mergulhar no seu íntimo para conseguir esse tesouro! Quando voltar saberá onde buscar o próximo. **Se não aceitar os desafios, jamais vencerá!**

O Mago, então, simplesmente desapareceu diante de seus olhos, restando apenas um frasco de vidro. Dhay percebeu estar vazio. Pelo menos era o que parecia. Mesmo assim pegou-o e levou-o ao hotel.

Já no hotel, abriu o frasco e começou a se sentir tonto; tudo começou a girar e ele desmaiou. Quando acordou, estava no pico de uma montanha. De lá podia avistar os países vizinhos. Viu uma velha construção e, dentro dela, pessoas chorando. Pediam ajuda. Subitamente, não estava mais na montanha, mas em frente ao edifício. Pediu que ajuda necessitavam e um velho fraco respondeu necessitarem de piedade. Nisso um grande e sanguinário homem apareceu e exigiu que lhes dessem suas vidas. Os velhos imploravam por piedade e o gigante exigia suas vidas para transformá-las em ouro e prata. Só então Dhay viu que os olhos do gigante eram feitos de diamantes.

O gigante começou a trucidar os velhos que nada podiam fazer. Só pediam por piedade. A cada vida ceifada seus olhos se tornavam mais brilhantes e seu corpo maior. Quando o gigante foi embora, Dhay o seguiu e, chegando em sua casa, a mais luxuosa do local, observou ser toda de ouro, prata e diamantes. O gigante então soprou a vida das pessoas que havia matado para dentro de um saco de pano e tomou a rua novamente. Dhay forçou uma janela e entrou. Abriu o saco e as almas voaram para fora, porém, assim que saíram, viraram ouro. Dhay compreendeu então que a riqueza do gigante era feita da ceifa da vida de outros. Olhou pela janela e avistou uma cidade de gigantes e nela milhões de homens, mulheres e crianças sendo por eles transformados em ouro. Enquanto estes choravam, os gigantes se alegravam e cresciam mais.

De repente, Dhay vomitou uma pepita de ouro. Pegou-a e cresceu um pouco. Só então se deu conta que o gigante havia voltado. O gigante lhe disse: "Bem-vindo ao lar". Estas vidas são suas, para que tenha força e tamanho para dominar outras e assim tornar-se um gigante poderoso. Dhay olhou para o gigante e viu logo atrás dele, acima de sua cabeça, um vidro com uma abelha-operária dentro. Perguntou por que ela estava presa. O gigante disse que ela era o símbolo do trabalho honesto e árduo. Disse que ela não poderia ser solta, ou o destruiria. Disse que cada um de nós tem a abelha-operária dentro de nós, bem como a pepita de ouro. Aconselhou prender a abelha bem presa, pois caso contrário jamais seria um gigante. Jamais teria o poder de transformar gente em ouro com a abelha solta.

Dhay, então, pegou um vaso de ouro e arremessou contra o frasco. Este se estilhaçou, e a abelha saiu voando. O gigante então tocou em Dhay e este começou a transformar-se em ouro. O gigante, por sua vez, começou a diminuir. Ria-se muito, pois, segundo ele, prenderia sua abelha com facilidade, novamente. "Gigantes são duros de destruir"! Nisso Dhay abriu os olhos e lá estava de volta ao apartamento do hotel e não mais viu o frasco com a poção mágica. Viu, porém, uma pequena abelha-operária voando livre para fora da janela. Imediatamente entendeu que sua viagem ao íntimo de sua alma havia acabado.

Tudo estava claro para Dhay. Havia captado a mensagem. Estava ficando cada vez mais sensível a interpretações.

Os países representavam o mundo. O edifício com o velho fraco representava as pessoas miseráveis, o povo sofrido e injustiçado. O gigante representava os poderosos do mundo que agem sem escrúpulos em busca de lucro e poder, até mesmo destruindo pessoas para consegui-lo, matando pela fome, guerra e moralmente.

As almas transformadas em ouro e prata representavam o lucro obtido de maneira ilícita, às custas de outras pessoas.

O fato de os olhos do gigante se tornarem mais brilhantes significa que o ser humano quanto mais tem, mais quer ter. Por isso seus olhos eram de diamantes. Diamante é riqueza, e riqueza é o que as pessoas buscam.

O fato de as vidas voarem para fora do saco e se transformarem em ouro significa que pessoas sem escrúpulos tiram o que podem dos mais fracos, destruindo suas vidas material e espiritualmente, pois os miseráveis não podem ter felicidade, passando fome e frio, vendo os filhos padecerem.

A cidade dos gigantes representava o domínio dos poderosos no mundo.

A pepita que Dhay vomitou significa que nós todos temos o desejo de crescer dentro de nós. O fato de ter sido vomitada significa que o poder para crescer está dentro de nós. Sendo assim não precisamos enriquecer de forma ilícita. Podemos enriquecer trabalhando e usando a inteligência, sem tirar o que é dos outros.

As vidas que o gigante ofereceu ao Dhay para ele crescer e se fortalecer significam que podemos ser apoiados por pessoas injustas e manipulados a fazer o mesmo. Lembrou-se então do ministro que o havia proposto aquele milionário negócio ilícito.

A abelha-operária, presa no vidro, representa os operários que trabalham exaustivamente, como escravos por um salário insignificante que não atendem as necessidades básicas do ser humano. Ela não podia ser solta porque representa o trabalho honesto. Ou nós somos honestos, ou desonestos, não existe meio-termo.

O fato de ele ter quebrado o vidro e libertado a abelha e então ter sido transformado em ouro significa que temos que ter cuidado ao agir contra pessoas mais poderosas. Finalmente, o fato de o gigante dizer que prenderia a abelha novamente significa que mesmo quando descobertos em nossas más ações podemos voltar a praticá-las no futuro.

Agora Dhay sabia que a abelha-operária não era uma abelha e sim um ser humano explorado e manipulado. E então o que significa "buscar a abelha-operária"?

Dhay foi até a janela ver o que se passava lá fora. Havia um homem gritando: "Co-co-co-cocada, criançada, é uma bagatela o preço da cocada".

Dhay lembrou-se que já havia visto e ouvido aquele sujeito muitas vezes, mas não havia lhe dado atenção. Agora sabia: ele era uma abelha-operária. Compreendeu, então, que obter a abelha-operária significava trabalhar honestamente. Havia aprendido uma nova lição. às vezes as coisas estão a nossa frente e não as vemos.

Sim. A abelha-operária representava o trabalho honesto.

Pontos a ponderar

– Ao que crer tudo será possível. (Marcos 9:23).
– Precisamos ter um profundo e dinâmico desejo de aprender.
– Não fale mal de ninguém e fale tudo de bom que souber de cada pessoa. (Benjamin Franklin)
– Se não tem algo bom a falar, cale-se.
– A crítica está presente em 100% dos casamentos desfeitos.
– Quando queremos algo, temos que mostrar as vantagens que a outra pessoa terá nos ajudando e não as que nós teremos.
– Um sorriso cativa qualquer um.
– O poder ilimitado está dentro de você.
– Se você não aceitare os desafios, jamais os vencerá.

Capítulo IX

O grande líder

Dhay novamente resolveu consultar seu livro. Abriu-o ao acaso e leu: "Nunca perca os objetivos de vista. Jamais os esqueça".

Pensou a respeito... Qual era seu objetivo? Havia viajado o mundo! Mas para quê? Para obter o poder ilimitado que estava dentro dele!

Agora entendia melhor. Quando havia conseguido o cão autêntico teve que doá-lo logo a seguir. O cão não valia nada! Ele havia conseguido algo dentro de si mesmo. A abelha não era uma abelha, mas o trabalho honesto! **Eureka,** exclamou Dhay. Seus olhos se abriram. Os tesouros eram simbólicos. A cada tesouro conquistado havia adquirido uma nova virtude. Estava passo a passo obtendo o poder ilimitado!

Sim, devia ser isso! Talvez não..., mas uma coisa era certa: era necessário buscar os tesouros e o longo caminho desenvolveria seus talentos e lhe daria o poder ilimitado.

Nesse momento o ser iluminado apareceu e lhe explicou o segredo de cada um dos tesouros já obtidos.

– Olá, Dhay!
– Oi, que surpresa!
– Vim para lhe trazer um pouco mais de luz. Vou lhe explicar o significado de cada tesouro conquistado até aqui.
– Significado?
– Sim. Tinha você, suposto que não haveria um porquê de viajar o mundo atrás de tesouros?
– Bem, tudo é muito confuso.
– Isso, porque ainda não aprendeste a ver com os olhos do espírito. Quando você aprender, saberá qual o sentido da vida. O primeiro tesouro era a semente que devias plantar e deixar crescer uma planta forte. Ela representa a paciência. Para conquistar o sucesso, tem que aguardar o desenrolar de muitos fatos com paciência. O sucesso exige uma espera de anos, em muitos casos. Ao esperar até encontrar a semente certa, plantá-la e deixá-la crescer, você aprendeu a ser paciente, pois não o era. Porém, a conquista dos tesouros representa apenas o início da conquista total. Devemos desenvolver nossas habilidades dia a dia durante a vida toda, inclusive a paciência.

O cão de raça pura representa a humildade. Para conquistá-lo, você foi submetido a humilhações muito grandes, como a imposta a si em Brasília. Hoje você entende que ser humilde pode trazer-nos grandes recompensas. O cão em si nada valia. Por isso não foi necessário mantê-lo consigo. Era apenas o símbolo das humilhações que passaria para conquistá-lo.

O diamante valioso representa o amor, conforme sua mãe explicou. Na busca de um diamante, você teve a oportunidade de provar seu amor de muitas maneiras, e o fez.

– E se eu não tivesse demonstrado meu amor? Se tivesse sido egoísta?

– Eu lhe apareceria pela última vez, para lhe informar que tinha fracassado.

– Isso me quebraria o coração!

– Às vezes só aprendemos pela dor e pela perda do que mais buscamos.

A muda da árvore mais nobre representa a pureza. Você provou sua pureza, respeitando a doutrina de Lyn e não tentando fazê-la quebrar sua castidade e também não aceitando o negócio ilícito do político. Ser puro é algo que muito poucos conseguem. Muitos perderam a chance de alcançar o poder ilimitado pela falta de pureza. Esta é uma das missões das mais difíceis.

A abelha-operária representa o trabalho árduo. Este atributo você já tinha conquistado na busca dos outros tesouros. A conquista deste só firmou o que já era seu. A preguiça está presente em 100% dos fracassados.

O ser iluminado então lhe falou para buscar o próximo tesouro (o grande líder) e sumiu.

Dhay conheceu um homem chamado Jader, numa tarde de domingo, e isso mudou sua vida. Tornaram-se grandes amigos e este lhe ensinou grandes lições.

O que realmente influenciou sua vida, decididamente, foi uma longa conversa que tiveram certa noite, enquanto jantavam em um restaurante qualquer.

– Dhay, já parou para pensar quem você é?

– Quem sou? Como assim?

– Sim. Quem é...

– Sou Dhay, sou um aventureiro, sou um filho de Deus...

– Certo. O que mais?
– Não sei. Não entendo o que quer dizer...
– Você é muito mais importante do que imagina. Tem um currículo esplêndido. Um conhecimento que uma porcentagem mínima dos homens tem. Você viajou muito. Aprendeu o segredo do sucesso.
– Aprendi? E qual é? Ainda não me dei conta!
– Este é o ponto. Não nos damos conta do que temos. Buscamos adquirir poder, conhecimento, sucesso, dinheiro, etc., mas não nos damos conta do que já temos. Só olhamos para a frente. Corremos atrás do que ainda não temos. Temos que pensar mais. Temos que nos descobrir. Somos poderosos, porém não cremos em nosso potencial. Deixamo-nos subjugar pelas incredulidades. Preste bem atenção, porque **um ato ou uma palavra pode mudar o destino de um homem**. E o ato de dirigir a palavra a você, agora, pode mudar sua vida, Dhay. Por isso, preste atenção a cada palavra que lhe direi.
– Ok.
– Como lhe disse, **não creio no acaso. Tudo tem um porquê.** Gostaria de começar lhe contando a estória de um rapaz que certo dia aceitou uma oferta para vender livros, de porta em porta. Dom para vender não tinha. Porém, sempre antes de tomar uma decisão, fazia uma oração e pensava em como poderia melhor agir em cada situação. Às vezes tinha certeza do que queria, mas depois da oração sentia que devia agir diferente. Diferente agia. Sempre ouvindo, segundo suas palavras, os influxos do espírito. Certo dia foi vender em uma escola da cidade e não vendeu nada. Porém, conheceu um escritor de livros que lá fazia uns "bicos" nas horas de folga. Conversa vai, conversa vem, o escritor descobriu que aquele jovem tinha o dom especial da comunicação, além de muito conhecimento na área de motivação. Incentivou-o a escrever um livro sobre o assunto. Deu-lhe um cartão com o telefone e prometeu

ajudá-lo no lançamento do livro quando este estivesse concluído. Dito e feito. Descobriu que realmente gostava de escrever e hoje vive dos muitos livros editados. Agora lhe pergunto: como tudo começou? Aceitando uma proposta que ia contra sua vontade natural. Ouviu os influxos do espírito.
– Sabe algo sobre a lógica?
– Muito! E você sabe algo?
– Não muito. Porém, tento fugir dela. Creio que **as grandes oportunidades aparecem quando agimos contra a lógica.**
– Ela é uma espada de dois gumes. A lógica, como a própria palavra o diz, representa algo lógico. Algo provavelmente certo. Porém, fugir dela, quando sentir o desejo ardente, pode levá-lo ao sucesso muito rapidamente. Agir contra a lógica exige um estudo prévio e muita ousadia.

Um amigo meu agiu contra a lógica e achou a oportunidade de sua vida. Ele procurava emprego e nada conseguia. Resolveu fugir dos padrões. Pegou então o telefone e ligou para uma escola de inglês. Como sabia que a maioria das recepcionistas não falam inglês (se falassem estariam fazendo algo mais lucrativo), falou inglês com ela. Esta lhe pediu se ele não falava seu idioma. Ele em inglês lhe explicou que falava. A secretária, não entendendo, chamou o diretor. Pronto! Conseguiu falar com a pessoa que realmente conseguiria resolver seu problema. O diretor lhe pediu que ele mandasse um currículo. Chegando na escola (ao invés de remeter via E-mail ou outro meio qualquer), falou novamente em inglês com a recepcionista e foi automaticamente levado ao diretor. Já no escritório, o diretor lhe pediu de que país ele era. Este confessou não ser estrangeiro, e entrou para a parte número dois do plano, agora diante de um diretor perplexo com sua ousadia.

Em vez de dizer que estava lá porque precisava trabalhar, disse estar lá porque soube que a empresa buscava um profissional com as características que ele dispunha. Começou então detalhar o que tinha a oferecer para a empresa e explicou como a empresa lucraria tendo-o lá dentro. O diretor ao final de sua explanação olhou para ele e disse: "Moço, realmente não estamos contratando e não sei de onde tirou essa ideia, mas fico perplexo diante de sua ousadia. Você sabe que sou um sujeito ocupadíssimo. Não sabe?" Essa era a pergunta que meu amigo precisava para dar o golpe de misericórdia. "Sei. É por isso que estou aqui. Para lhe possibilitar crescer e, ao mesmo tempo, ter alguém que possa tomar conta de parte de seu trabalho. Podemos assim crescer juntos, pois não vejo melhor maneira de crescer do que unindo os cérebros de pessoas determinadas ao sucesso! Posso começar a trabalhar imediatamente." Os olhos do diretor lhe saltaram, tinha diante de si um tremendo cara-de-pau, ousado, abusado e astuto. Exatamente o que precisava. Hoje esse sujeito é diretor-geral das empresas de toda a América Latina. Na época que começou a empresa era pequena e não tinha nenhuma filial. Para isso tudo bastaram apenas dez anos de dedicação dos dois novos colegas de trabalho.

 Este foi um belo exemplo de como fugir da lógica. A lógica seria pedir emprego. Este foi um lindo exemplo de ousadia e determinação da forma certa, na medida certa.

 Ousadia e fuga da lógica são dois ingredientes que devem ser utilizados com astúcia, com sabedoria, com uma análise prévia, profunda, para não ter efeito negativo. Se bem aplicado, dará bons resultados. O mercado atual é carente de atitudes que fujam da lógica. É também carente de gente ousada. Tenha certeza que os grandes homens da história são pessoas ousadas.

 Muito importante é ser superior à vaidade e ao orgulho. Temos que saber nos nivelar à altura que o próximo possa nos compreender. **Temos que ter atitudes dignas de admiração, para com o presidente de uma corporação, bem como para com o engraxate.** Para isso não precisamos perder nosso poder de comandar, nem precisamos ferir nosso orgulho próprio.

A arrogância de muitos líderes fez que perdessem o afeto dos subordinados e, uma vez insatisfeito, o ser humano utilizará menos de seu potencial. **A arrogância dos líderes leva muitas empresas à falência.** O pior de tudo é que os líderes nem percebem que o negócio afundou dia após dia, porque os funcionários não deram o máximo devido à insatisfação.

Empatia, meu amigo! Este é o segredo! Empatia! Quando conseguires entender o que o seu próximo está sentindo, saberá como agir para edificá-lo e quando isso for feito você terá se tornado seu herói. Então este lhe dará todo o apoio possível.

Nunca esqueça que o ser humano que mais amamos é nós mesmos. Quando alguém demonstra nos amar, nos admirar, acaba por nos conquistar. Assim é o ser humano. Assim somos nós.

Algo muito importante dentro deste tema é o elogio. O elogio sincero é a forma mais prática de se conquistar o respeito e a admiração do próximo. Elogie alguém pelas costas e este lhe será eternamente grato!

Se você elogia a pessoa para ela mesma, esta se sente feliz. Se a elogia para outros, esta se sente lisonjeada. Porém, se a elogiar sem que ela saiba, quando souber terá extrema admiração e gratidão por você.

Lembrar de datas importantes como aniversários é algo marcante. Inclusive com pessoas que não são da família. Você estará lembrando de um dos momentos mais sublimes da vida desta pessoa. Se lhe der uma lembrancinha, será perfeito. Mas certifique-se que seja algo que a pessoa possa guardar, pois cada vez que enxergar esta lembrancinha lembrará com carinho de você. Isso pode parecer tolice, mas pequenas coisas como essa fazem uma diferença muito grande.

O sucesso é como um jogo de cartas. Nem sempre depende de boas cartas, mas de como jogamos com as ruins. As pessoas tendem a pensar que fulano ou beltrano tem sucesso por ser mais importante. **O sucesso está dentro de você. Trabalhe para conquistá-lo e o obterá.** Se engana quem pensa que alguém tem ou mantém o sucesso sem trabalho árduo. Isso não existe! Porém, podemos trabalhar arduamente sem nos cansarmos, quando gostamos do que estamos fazendo. Aí a importância de escolhermos bem o que queremos fazer.

– Muitos, porém, são bem sucedidos financeiramente, porque herdaram dos pais...

– É verdade, Dhay, mas terão que trabalhar duro para manter tanto o nome como o capital. Ou você não conhece os muitos casos de pessoas que jogaram tudo que herdaram fora?

– Sim. Claro que sim.

– Pois é, Dhay. Não trabalharam duro e não usaram a inteligência para manter o que tinham. Muitos dizem: "Queria ganhar na loteria e ficar rico para não mais precisar trabalhar". Digo-lhe que estes são aqueles que, quando ganharem, se ganharem, jogarão tudo fora em pouco tempo. Aí acharão desculpas e mais desculpas para o fracasso. Pois o **normal do ser humano é não assumir as próprias culpas, mas atribuí-las ao próximo.**

Quantos amigos perdidos, quantas empresas falidas, quantos lares destruídos, só porque as pessoas preferiram lançar a culpa dos próprios atos sobre os outros. Cuide-se com isso, Dhay! Fazemos isso diariamente, sem perceber. Lembre-se: assuma suas responsabilidades, suas glórias e derrotas, bem como seus erros e trabalhe duro, então será vencedor.

Gosto muito do exemplo de Theodore Roosevelt. Ele se tornou um grande escritor, porém poucos sabem que ele tinha muita dificuldade em passar para o papel o que pensava. Disse ele que trabalhava como escravo para conseguir colocar o que pensava no papel. Ou seja, ele não era nenhum gênio, mas sim um trabalhador muito dedicado. Por isso se tornou um grande escritor.

– E a sorte? Você acha que ela existe?

– A sorte? Não creio na sorte. Existe sim um encontro de oportunidades. Aquelas que todos têm na vida. Uns as pegam, outros não. Porém, as oportunidades vêm para todos. O fato é que alguns estão preparados para abraçá-las, outros não.

– Pode explicar melhor?

– As chances aparecem a cada instante. Por exemplo: o ministro da educação de seu país pede demissão. Por que você não assume?

– Porque o presidente da República não me chama!

– Por qual razão não chama você?

– Porque não estou preparado. Não tenho estudo para tal.

– Entendeu? Se você tivesse se dedicado à política, trabalhado duro, estudado com total dedicação, etc., você teria essa chance!

– Entendi.

– O que decidiu para si não foi ser político! Com certeza, se buscar com garra o que quer, vai conseguir! Muitas pessoas se lamentam de falta de oportunidade, mas não percebem ser tudo uma questão de qualificação.

Certo dia um amigo entrou em uma empresa e deu duro. Trabalhou muito, demonstrou interesse em fazer a empresa crescer (Esse é o ponto. Quanto mais você se dedicar, maior reconhecimento terá e mais sucesso obterá). Além disso, esteve o tempo todo ao lado do chefe se pondo à disposição e ajudando-o em tudo. Sem contar o fato que, quando pediu emprego, ele não chegou na empresa com cara de coitado, dizendo "quero preencher uma ficha, pois preciso trabalhar".

Ele descaradamente pegou o telefone e disse à secretária que estava ligando para saber se o diretor estava (previamente já havia descoberto o nome do diretor e pediu dele pelo nome, não pelo título). Ela logicamente quis saber quem ele era e o que desejava. Meu amigo falou então seu nome e disse que o assunto era particular. Ela pediu um momento (provavelmente, interfonou ao diretor) e logo em seguida comunicou que o diretor não estava disponível naquele dia. Meu amigo agradeceu e disse que ligaria posteriormente para marcar hora. Previamente informado estava que à tarde outra recepcionista estaria exercendo a função. A tarde ao chegar, disse que estaria lá para falar com o fulano (o diretor), e informou a recepcionista que este já sabia quem ele era (já havia falado com a recepcionista pela manhã e esta o havia comunicado). A recepcionista lhe informou que infelizmente ele estava em reunião e não poderia atendê-lo. Ele, com ares de gente importante (que não o era) e vestido a rigor, de terno e gravata, disse que não havia problema algum e pediu à recepcionista que agendasse um horário o mais breve possível. Pronto! Estava marcado um encontro para o final da tarde, logo após a reunião!

Meia hora antes do término da reunião, lá estava ele, lendo o jornal enquanto aguardava. O diretor não teria como escapar-lhe.

Logo em seguida, o diretor apareceu na recepção e meu amigo do outro lado da ampla sala, com o canto do olho, como que lendo o jornal, observava o diretor e a recepcionista conversarem sobre ele. Ficou na expectativa, pois os podia ver, mas não os ouvir. O diretor voltou a sua sala e logo em seguida a recepcionista o informa que o mesmo não poderia atendê-lo. Estava difícil! Ele então remarcou o compromisso. No dia seguinte lá estava ele. Meia hora adiantado, e ao chegar, se vê face a face com o "homem". Descaradamente, sem ligar a mínima para a recepcionista, dirige-se ao diretor e, sorrindo, o cumprimenta. Este, por sua vez, quase sem opção, o convida para subir ao escritório. Era melhor atender logo aquele chato, ou ele voltaria. Meu colega então, após ter lhe descrito todo seu currículo, explanou como poderia ser útil para a empresa. Em nenhum momento lhe pediu por emprego. Foi contratado! Foi ousado e mostrou o que podia oferecer, em vez de "pedir" por um emprego. Ou seja, fez basicamente o mesmo que o outro amigo que descrevi há pouco. Resumindo, funciona!

– É. Eu já percebi que ousadia é importante. Estou construindo meu caminho passo a passo, com ousadia e determinação.

– Ótimo! Senti isso em você. Por isso estou lhe falando estas coisas. Sei que fará bom uso de minhas palavras. Porém, para a maioria das pessoas é perda de tempo falar. Nunca entenderão e jamais colocarão em prática.

– Tenho a firme convicção que é necessário saber exatamente onde queremos chegar. Caso contrário seremos como alguém que se perde em uma floresta. Um dia achará a saída se sobreviver, mas antes disso andará ao léu por muito tempo, para só então chegar ao objetivo.

– Sim, com toda a certeza, Dhay. Agora lhe contarei o que chamo de "o segredo dos deuses."

– Ulalá. Essa foi forte!

– Esta... é forte! Por isso preste atenção ao seu subconsciente. É primordial para tudo conquistar.

– Você já ouviu falar de pessoas que pressentem o que está para acontecer?

– Sim, Jader. Eu mesmo sei quando uma pessoa íntima morreu, antes de receber a notícia.

– Então me entenderá! Nosso espírito tem o poder de sentir qualquer coisa, em qualquer lugar. Basta desenvolver esse dom. Sendo assim, podemos saber como agir ante uma situação duvidosa. **A todo momento rajadas de pensamentos passam por nosso cérebro** (Nézio José da Silva). **Temos que estar atentos ao que é importante. Em meio a estes pensamentos estão dicas de nosso subconsciente, sobre como agirmos com relação às decisões que temos que tomar.**

O problema é que as pessoas não acreditam nisso. Não sabem que esse poder existe dentro de nós. Põe isso em prática?

– Mais ou menos. Agora está mais claro! Vou poder usar melhor esse poder.

– Dhay, não comente isso com ninguém, exceto se tiver certeza que a pessoa será capaz de entendê-lo.

– Eu sei. As pessoas achariam que sou doido e me criticariam bastante. Bom, na verdade, não ligo para quem faz críticas destrutivas. O mundo está cheio deles. Lembro-me agora de um amigo paulista que vive em Curitiba, no Brasil. Ele foi muito criticado e as pessoas, devido a suas atitudes erradas, diziam a ele que ele nada seria na vida. Ele então resolveu que provaria a elas o contrário (acho que ele tentou provar isso para si mesmo). Foi à luta e hoje é um profissional excepcional. Ótimo na área de arquitetura. Mas tenho a firme convicção que devemos deixar as críticas de lado e nos apegarmos aos elogios, pois no mundo que vivemos é coisa rara alguém fazer um elogio. Se elogiar, provavelmente é porque admirou, mesmo, o que fizemos.

– Sempre que quiser algo, mentalize aquilo e pense diariamente a respeito. Crie fantasias, se imagine com seu objetivo em seu poder e o seu subconsciente providenciará um meio de materializar seu objetivo. Lembre-se que o que você pensa você atrai. Isso se aplica às amizades. Tolo atrai tolo, sábio atrai sábio.

– Eu sei disso tudo, mas às vezes é difícil fazer as coisas, porque, além de, as pessoas não ajudarem, atrapalham bastante.
– Certamente. Porém, lute e faça algo grande, então grandes nomes estarão ao seu lado. Grandes pessoas se sentirão inferiores e irão ter o prazer de ajudá-lo e ser seu amigo. Agora, lhe digo que, para conseguir fazer algo grande, o melhor caminho é conversar com seu subconsciente. Ele é seu melhor amigo e literalmente fala consigo. E melhor de tudo: sempre tem todas as respostas. Não o deixe falando sozinho, pois o que ele lhe fala são "passos para o sucesso".
– É. Vou ler mais a respeito desse assunto.
– O autor "Joseph Murphy" é o melhor que conheço neste assunto. Tem várias obras. Na verdade, devemos ler muitos livros sobre os assuntos que queremos aprender. Assim o assunto ficará gravado em nosso subconsciente e este passará a agir dentro destes princípios.

Dhay resolveu então que viajaria para a América. Dois dias depois estava de volta a Salt Lake City, Utah. Por que voltou, não sabia. Dirigiu-se à praça do templo Mórmon, onde recebera o livro que o guiara desde então.

Talvez o "Grande Líder" que buscava fosse o presidente dos Estados Unidos, mas não era o que seu coração dizia.

Ficou ali sentado, vendo o movimento das pessoas. Já estava anoitecendo e Dhay saiu à procura de um hotel. Estava se sentindo um pouco solitário. Sentia falta dos amigos e dos pais.

O dia raiou e Dhay, da sacada do quarto do hotel, admirava aquele lindo nascer do sol. O céu com umas poucas nuvens brancas e algumas no horizonte alaranjadas pelos raios do sol. Um nascer do sol fascinante. Acordou muito animado e decidido a achar o líder que buscava.

Voltou ao quarto e olhou a definição da palavra líder no dicionário: "Pessoa de maior evidência, dirigente". Bolas! Isso ele já sabia!

Saiu para a rua e seu coração disparou! Lá estava ela. Sua doce Lyn.

– Lyn, Lyn! Aqui, espere. Gritou Dhay.

Lyn virou-se e ao vê-lo voltou correndo.

– O que faz aqui?

– Estava em Israel e decidi vir pra cá.

– Fala a verdade, Dhay. Por que viaja pelo mundo?

– Lyn, nem eu sei. Corro atrás do que não conheço.

– Um aventureiro?

– Talvez. E você? Mudou pra cá?

– Sim. Vamos almoçar?

Mais tarde, após ter sido apresentado à família de Lyn e terem almoçado, Dhay e o Sr. Robison sentaram para conversar. Em breve saberia que não estava lá por acaso, mas uma importante lição viria dali. A importante conversa que tiveram começou quando Dhay observou que o Sr. Robison tinha bilhetes colados na porta da geladeira, na biblioteca, no banheiro e outros lugares mais de sua casa.

O Sr. Robison explicou que certas coisas importantes que tínhamos como objetivos não eram jamais concretizadas simplesmente porque acabávamos por nos esquecer delas. Então ele colocava bilhetes na parede e estes lá ficavam até que tal coisa tivesse sido alcançada.

A conversa realmente ficou interessante quando começaram falar sobre liderança. Isso muito interessava ao Dhay, pois buscava "o grande líder" e nem tinha ideia de onde encontrá-lo.

– Deixe-me relatar esta conversação na íntegra, pois sei que será muito útil a você que busca ser um líder nato!

– Como saber o que é certo?

– Isso é fácil. Curve-se ao criador e em tudo que tiver dúvida peça por inspiração. Se o fizer com fé, saberá como agir em cada situação.

Também é muito importante observar o que irá dizer, pois também por suas palavras as pessoas irão lhe julgar.

– É verdade! Muitas vezes se perde a chance de conquistar amigos por falar coisas erradas. Meu pai sempre dizia que a maneira certa de se conquistar as pessoas é demonstrar interesse por elas ao invés de tentar fazer que estas se interessem por você, já que o ser humano dá valor primeiro a si mesmo e só depois aos outros.

– Com certeza.

– Também é bom tratar a todos como gostaríamos de ser tratados. Isso fará que nos amem. Amando-nos farão qualquer coisa para nos ajudar.

– Algo que descobri em minhas andanças pelo mundo é que um sorriso cativa qualquer coração. Se sempre recebermos a pessoa mais ranzinza que conhecemos com um sorriso, acabaremos por conquistá-la, principalmente se estendermos a mão para ajudá-la quando precisar. Porém, sorriso fingido não funciona! É um ótimo meio de mostrar falsidade. Por isso devemos nos preparar diariamente para nos sentirmos felizes e assim podermos sorrir com alegria e honestidade. Um provérbio chinês diz: **"Um homem sem um rosto sorridente não deve abrir a loja"**.

Quando você sorri, sua voz muda e as pessoas percebem que está alegre. Sorria. Não custa nada! **Na verdade, nossa felicidade é do tamanho que a imaginamos em nosso subconsciente.** Tem pessoas que estão felizes e de repente qualquer coisa ruim acontece e pronto! Esquecem os momentos alegres e se sentem infelizes. Outras, porém, esquecem imediatamente o que de ruim aconteceu e recomeçam a construir pensamentos

alegres. **Assim disse Shakespeare: "Nada é bom ou ruim. Nosso pensamento assim o torna".**
– É verdade! Conheci uma mulher cheia de rancor. Nunca estava contente. Recusava-se a falar em coisas boas. Sempre tinha um inimigo para criticar. Um pequeno deslize e a pessoa passava a ser má em sua concepção. Tudo de bom que havia acontecido já não importava. Em outras palavras, ela escolheu viver com rancor e tristeza.
Tudo o que você pensa no dia a dia você passa a ser. Pense todos os dias que é rico, que é feliz, que a vida lhe sorri e assim será.
Deixe-me falar algo que suponho não saber! Porém, responda-me primeiro qual a palavra que mais gosta de ouvir?
– Não sei, mas acho que meu nome.
– Exatamente! Portanto, se quiser fazer alguém se sentir bem, sempre se dirija a essa pessoa pelo nome. Desde o dia que a conheceu e para sempre. Inconscientemente ela gostará de você. Também devemos não esquecer de dar atenção personalizada para o cliente, amigo ou quem quer que seja.
– Conheci um sujeito que quando alguém ligava para lhe falar, sua secretária, instruída por ele, dizia que ele estava ocupado e pedia que a pessoa ligasse mais tarde, só para parecer um profissional muito requisitado. Perdeu muitos clientes porque todos gostam de se sentir únicos, não apenas mais um. Sendo assim, procurará os serviços de outro profissional, que lhe possa dispensar atenção. Portanto, se quer ser bem-sucedido, atenda o cliente na hora, sempre que possível e nunca demonstre ansiedade em se despedir. Agindo assim, ele dará exclusividade ao seu estabelecimento, além de lhe trazer muitos outros clientes. Diante de reclamações fundadas, mostre-se receptivo e deixe a pessoa saber que providências serão tomadas. Então, tome-as! Você pode esquecer, mas não o cliente.

Lembre-se também que, se após servi-lo bem por muitos anos, em determinado momento falhar com ele, bastará para que este esqueça todos os anos de bom atendimento e o abandonará.

    Eu sei, Dhay. Baseado neste comportamento, pendurei na parede uma frase que diz: **"Aqui, só o melhor é aceitável"**. É pensando em fazer o melhor que sempre adoto algumas medidas. Medidas que deveriam ser tomadas por qualquer líder que queira ter o respeito de seus subordinados, clientes e qualquer outra pessoa.

    – E que medidas são estas?

    – Em primeiro lugar, a aparência. Eu lutei muitos anos para ser líder. Sabe por quê? Para não ter um chefe me mandando cortar os cabelos, mas quando passei a administrar um grupo de pessoas descobri que precisava ser respeitado por todos e tive que cortá-los, pois cabelo cumprido não muda a qualidade da pessoa, mas a maioria não vê com bons olhos, já que cabeludos normalmente deixam a desejar. Talvez daqui a alguns anos possa até ser moda. Não o é agora. Devemos nos apresentar na forma padrão da época em que vivemos e conforme os padrões do cargo que exercemos.

    Também é importante cuidar do vocabulário empregado. Devemos usá-lo tal como o idioma que falamos manda. Sem gírias e palavrões.

    Também não devemos procrastinar nossos afazeres, pois isso acarretará problemas e dará margem para nossos subordinados fazerem o mesmo.

    A palavra líder sugere liderar, guiar. Como podemos liderar alguém ao norte, se vamos ao leste? O que falamos e o que fazemos deve ser a mesma coisa. Devemos liderar com exemplos. Assim faremos nossos subordinados nos respeitarem espontaneamente e esta é a única maneira de obtermos o máximo deles. Se este agir sob pressão, só fará o que é esperado quando estiver sendo observado.

Quem não tem o respeito e a submissão espontânea dos funcionários é apenas um chefe, não um líder. Líder é aquele que consegue influenciar pessoas e fazer que o sigam sem obrigá-las a isso! O verdadeiro líder é aquele que, quando alguém erra, em vez de xingar, ensina-o e lembra que o subordinado é um ser humano, não um lixo! O verdadeiro líder não esquece de um aniversário. Elogia quando há motivos para tal e auxilia para que haja motivos. Deve ser convicto, suas ordens devem ser firmes, porém ser como um pai bondoso, repreendendo às vezes e, ao mesmo tempo, demonstrando amor. Ser aquele que os subordinados consideram um pai, um irmão, um amigo... A humildade é atributo de Deus e só os mais sábios a possuem. Deixe-me contar-lhe uma história. Eu trabalhava em uma empresa de televisão e visava um cargo de chefia. Para tal comecei a exercer liderança. Ajudava a todos e queria saber sobre todos os trabalhos. Logo me tornei uma "mão na roda", dentro da empresa, em pouco tempo a diretoria contava comigo para muitas coisas. Os funcionários, sempre que precisavam de algo da diretoria, preferiam pedir a mim para interceder por eles. Sabiam que, se eu intercedesse por eles, seriam provavelmente atendidos. Porém, um funcionário era fechado e não dava atenção a mim. Certo dia entrei em sua sala e lhe disse que precisava que me ensinasse alguns macetes do meu trabalho para que eu pudesse fazê-lo melhor. Ele ficou boquiaberto, lisonjeado e prontamente me ajudou. Comentei a respeito de sua ajuda com os outros e ele ficou muito contente, pois eu sempre ajudava a todos, mas nunca precisava da ajuda dos outros, mas ele, sim, ele tinha sido requerido a ajudar quem nunca precisava de ajuda! Ele se tornou meu grande amigo e passamos a nos ajudar mutuamente.

    Logo que todos me respeitavam como líder, assumi o cargo de gerente. A empresa começou a crescer rapidamente, pois todos queriam ser prestativos a mim, que antes de assumir a gerência tanto os tinha ajudado.

O líder deve saber sempre assumir o próprio erro e também o da equipe. É para isso que ele existe: para liderar, receber as honras e também ser responsabilizado pelos erros da equipe que coordena. Assuma o erro! Assuma sem mentiras! Sem tentar torná-lo menor do que é. Porém, não se culpe pelo que não deve, isso é prejudicial. Cada medida deve ser destinada a quem realmente a merece.

Certo dia cheguei atrasado ao trabalho. Meu superior quis saber o motivo. Falei que não havia acordado no horário. Ele respondeu: "Espero que não se repita!" Quando eu ia saindo, me chamou e disse: "Obrigado por ser honesto. Precisamos de líderes honestos". A partir daquele dia, passou a me designar tarefas mais importantes, pois havia descoberto que, mesmo em situações constrangedoras, eu não mentiria. Assim passei a ser a pessoa de sua confiança.

Muitas vezes deixamos de progredir por falta de objetivos. Porém, muito pior é gastar o tempo com objetivos insignificantes. Programe-se e à sua equipe! Vá à luta! Seja ousado! Seja determinado! Afaste a preguiça! O mercado está carente de pessoas com esses atributos.

– Tudo o que me disse é muito interessante. Também acho que as pessoas não progridem por trabalharem em coisas que não gostam. Profissões erradas.

– Pode ter certeza disso, Dhay. A maioria das pessoas pega a primeira oportunidade que aparece não importando se gostam ou não daquela profissão. Nunca conseguirão trabalhar com amor, nunca serão felizes e jamais darão o máximo de si. Este é talvez o pior erro. Devemos lutar para conseguir trabalhar com o que gostamos. Assim faremos bem feito o nosso trabalho e seremos pessoas de destaque. Também não perderemos a

calma tão facilmente com os subordinados. Faremos da profissão um prazer, não uma maldição em nossas vidas.
– Sim! Faremos até as pequenas coisas bem feitas, que às vezes são bem importantes. Lembro da história do presidente americano McKinley: certa vez estava ele no ônibus (antes de ser presidente) com um amigo. Entrou uma velha senhora no ônibus e seu amigo continuou lendo o jornal tranquilamente. Como não havia bancos sobrando, a velha senhora ficou em pé. McKinley, então, levantou-se e deu o lugar a ela. Anos mais tarde, já presidente, McKinley, tinha um cargo de confiança vago e estava em dúvida sobre este amigo e outro. Lembrou-se do ocorrido no ônibus e deu o cargo ao outro.
– Interessante.
– Falamos anteriormente da honestidade. Algo que faz parte da chave do sucesso encontra-se num livro sagrado, chamado "O Livro de Mórmon". Neste livro, um homem chamado Helamã, líder do povo na época, ocupou a cadeira de juiz supremo e o fez em retidão e equidade, esforçou-se em observar as leis e os mandamentos de Deus. Assim prosperou na terra (Helamã 3: 20). Se agirmos com retidão, todos confiarão em nós e as chaves do progresso se acumularão sobre nós e cresceremos rapidamente então.
– Em minhas viagens descobri que sempre podemos aprender algo com os outros. Por mais simples ou mais ignorante que a pessoa seja, algo pode ser aprendido. Com certeza; cada pessoa que conhecemos é superior a nós em algo.
– Não tenho dúvida que o que você fala é verdade. Aí reside um dos grandes segredos do sucesso! Ser humilde para aprender até com os inimigos, se possível for. Porém, para que as pessoas estejam dispostas a nos transmitir algo é necessário cativá-las antes.
– Conhece alguma técnica especial?

– Sim! O primeiro passo é nunca dizer que a pessoa não sabe o que diz ou o que faz. Diga isso e provavelmente terá um inimigo ao seu lado. Nunca discuta um assunto com a pessoa se esta estiver fechada ao diálogo e também não imponha sua opinião através de autoridade. Jamais a convencerá.

– Você quer dizer que sempre temos que concordar com os outros?

– Não! Devemos levar a outra pessoa a pensar como nós. Muitas vezes podemos usar uma pessoa que possa influenciá-la melhor que nós.

– Pode dar um exemplo?

– Sim! Certo dia, trabalhando em uma pequena empresa prestadora de serviços, percebi que ela iria falir. Eu precisava fazer algo, mas não tinha voz ativa, pois a gerente, uma mulher radical, só ouvia a voz das mulheres da empresa. O fato é que eu tinha a solução para erguer a empresa. Porém, se eu desse a ideia, não seria ouvido. O marido dela, grande amigo meu, tinha voz ativa com ela. Falei a ele minha ideia e este a sugeriu à gerente como sendo dele, a meu pedido. Anotou nomes de muitos empresários conhecidos meus e passou para a esposa. A ideia foi aprovada e a empresa se ergueu. Ele ficou com as glórias da ideia, mas e daí? Nós dois sabemos que com astúcia erguemos a empresa. Eu com a ideia e ele com a sugestão.

– Assim, não seremos reconhecidos!

– Esse era um caso especial! O objetivo não era levar a glória e sim manter a empresa em funcionamento, mantendo assim meu emprego.

Certo dia Lyn estava trabalhando de vendedora para uma loja de eletrodomésticos e um cliente "daqueles" chegou e pediu uma filmadora. Olhou e achou cara. Começou a citar vantagens do concorrente. Minha filha pacientemente escutou-o e, em vez de tentar convencê-lo,

concordou com tudo e disse que também achava uma boa opção comprar a câmera do concorrente. O cliente ficou pasmo. O que argumentar? Não havia como! Minha filha concordava com ele! Surpreso, pediu se ela teria a ousadia de comprar a câmera do concorrente. Quis saber se ela não perderia o emprego.
 Nisso, Lyn entra na sala:
 – Respondi que não! Tínhamos a liberdade de comprar onde quiséssemos. Completei, porém, que compraria a marca que eu vendia, porque, além de ter todas as vantagens da do concorrente, dispunha de algumas vantagens adicionais de suma importância. O cliente não se conteve e perguntou quais eram as vantagens!
 Pronto! Agora ele estava receptivo! Ele fazia questão de me ouvir. Vendi a filmadora e alguns dias depois ele voltou com um amigo que ele fazia questão que comprasse de mim.
 – Isso mesmo. Agora imagine se a Lyn tivesse tentado convencê-lo que a outra filmadora não era tão boa. Perderia a venda com certeza.
 – Essa é minha gata!
 – Tua, não! Minha! Disse o pai de Lyn. Todos riram.
 Outra maneira é conduzir a conversa de maneira a levar a outra pessoa a oferecer-lhe o que iria pedir. Assim, você, na concepção do outro, está aceitando a ideia dele e não há resistência.
 – Por exemplo?
 – Certo dia, um pai buscava emprego para o filho. Havia uma vaga na empresa que trabalhava. Porém, não queria solicitá-la para o filho, pois se este fizesse algo errado poderia lhe comprometer. A sugestão deveria vir do líder. Como se não soubesse da vaga, comentou com o gerente que seu filho resolvera deixar de trabalhar na empresa que estava. Disse ainda que não gostaria que o filho saísse, pois era bom empregado e seria uma pena se largasse o emprego.

Talvez não achasse um lugar tão bom. O gerente então sugeriu a vaga e contratou o filho sem que o pai tivesse algo a ver com a transação.

Dhay foi para o quarto de hóspedes, logo após a janta daquela noite. Confuso, resolveu que devia abrir seu livro. Nele leu: "Abra os olhos do subconsciente e verá a luz".

Lembrou-se do ser iluminado. Chamou por ele. Como num passe de mágica, lá estava ele.

– Você busca o grande líder e está muito próximo! Porém, te cuida. Tentações muito fortes nos recaem quando estamos próximos de algo grande.

– Mais do que já tive?

– Será atingido no coração. Não falhe, ou todo teu esforço terá sido em vão.

– Pode me falar sobre o grande líder?

– Sim! Para isso, vim. Agora ouça com atenção, pois instruir o mundo será teu dever.

Ensinar-te-ei alguns passos para o sucesso da liderança. Quando achar alguém com esses atributos, seu peito arderá. Saberá ter então achado o grande líder. Ouça-o e então vá em busca do último tesouro, que é o ser humano bem-sucedido. Para vencer, lhe darei alguns princípios de liderança.

Seja sempre honesto e se errar desculpe-se, assim será reconhecido como grande entre todos. Isso deixa seus amigos felizes e faz com que o respeitem. Também deixa seus inimigos sem argumentos. Como podem discutir algo que você já admitiu ter feito errado? Acabarão ficando do seu lado.

Quando mandar, exija o cumprimento da tarefa com firmeza, porém no momento seguinte esteja sorridente e receptivo. Isso ajudará manter a amizade com os subordinados e, ao mesmo tempo, fará que sigam seus passos. Todos amarão você e o obedecerão.

Cuidado com a intuição. Ela pode falhar. Analise a situação com atenção. Observe cada ponto e aja sem medo, sem vacilo. **Mostre certeza no que faz. Isso transmite segurança aos outros.**

Ouça com atenção. Nunca deixe de ouvir o que as pessoas têm a sugerir, pois podem, muitas vezes, ver coisas que você não viu.

Sempre que houver divergência com outro líder, ouça com atenção e analise a situação. Talvez você esteja errado na maneira de pensar, mesmo que tudo pareça muito certo para você. **Ouvir é algo que poucos sabem. Só os verdadeiros líderes conseguem desenvolver esse dom.**

Chefe ranzinza não funciona, já há muito tempo. Tenha calma. Mostre autocontrole. Isso lhe trará o respeito e fará com que te amem. Assim trabalharão por prazer, não por obrigação. Quem trabalha por obrigação nunca faz bem feito.

Deixe os subordinados saberem que analisará a opinião deles. E comunique-lhes de sua decisão a respeito da mesma e se sentirão estimulados a dar outras ideias. Esteja sempre à disposição para ouvir sugestões.

Sempre analise os prós e contras de qualquer decisão, antes de tomá-la.

– Pois é! Aí está algo que me intriga. Sempre analiso bem a situação antes de decidir e mesmo assim às vezes acabo errando. O pior de tudo é que as pessoas gostam de criticar e não perdem a chance de fazê-lo.

– Humildade! Humildade, meu caro Dhay. Se errou, reconheça o erro!

– Às vezes não adianta muito.

– Se fizer da maneira certa, sim! Conhecendo o erro, pode imaginar a crítica que receberá. Assim, antes que a pessoa o critique, se desculpe pelo erro. Critique a si mesmo, mas sem se autodepreciar. Ela provavelmente virá em sua defesa, justificando que o erro não foi tão grave.

Certa vez um rapaz responsável pela contadoria de uma empresa equivocou-se nos cálculos e foi chamado pelo empresário. Antes de ir ao encontro do diretor, este jovem recalculou e achou o erro. Chegando ao escritório antes que seu superior pudesse criticá-lo, se adiantou: "Já descobri onde está o erro e reconheço que o que fiz foi imperdoável. Apesar de ter me dedicado ao calcular, estava muito cansado, pois era tarde da noite e me encontrava exausto. Jamais devia ter excedido o limite de minha resistência". O empresário não o criticou pelo erro, pois ele já o havia admitido. Porém, sabendo que este havia trabalhado além da hora, reconheceu seu esforço e se pôs em sua defesa. O acusador se tornou defensor: "Tudo bem! Desculpe se fui rude ao telefone; não se preocupe, está tudo bem..." Este foi interrompido pelo contador: "Claro que tenho que me preocupar. Imagine se cometesse um erro desses com cada cliente! Seria o caos! Aqui tenho os novos cálculos! Recalculei assim que soube do erro. Espero que isso possa amenizar os danos que causei". O empresário então falou: "Imagine! Ninguém é perfeito. O erro foi detectado antes que pudesse causar prejuízos". Este incidente serviu para estreitar os laços entre os dois.

– Agora ficou mais claro.

– Com relação a convencer pessoas a seu modo de pensar, nunca use a força. O líder que lidera aos gritos, o marido que grita com a esposa para fazê-la submissa, o líder religioso que segura os fiéis com promessas que Deus punirá os que não fizerem o que ele pede, logo não terão quem liderar. Agora, se liderar com amor e atenção, todos o admirarão. Porém, não se deixe passar por cima, cada qual deve estar em seu lugar! Patrão, empregado, esposo, esposa, etc.

Vou lhe contar uma estória que mostrará como fazer as pessoas defenderem a tua ideia: "Havia um gerente de uma empresa de intercâmbios que era responsável em convencer clientes, que pagavam parte do parcelamento e acabavam se desestimulando e optando em não mais viajar, a embarcarem. Este gerente marcava uma entrevista e pedia que a pessoa relatasse com detalhes o motivo da desistência. O cliente vinha com as desculpas ou motivos mais variados. O diálogo sem muita variação era assim:
– Boa tarde! Bem! Conte-me tua estória.
– Mudei de ideia com relação à minha viagem à Inglaterra e estou aqui para rescindir o contrato.

O gerente, que chamaremos pelo nome fictício de Paul, nada dizia; só continuava olhando nos olhos da pessoa, esta se sentia obrigada a adicionar os motivos da desistência. Paul, então, tirava de dentro de sua pasta um termo de rescisão de contrato e largava na mesa bem aos olhos do cliente. Começava a preenchê-lo e só então começava a falar. A essa altura o cliente que havia chegado pronto para argumentar via-se desarmado e ficava sem ter como argumentar. Pois o gerente já havia aceitado seu pedido de desistência.

Certo dia, Paul recebeu um cliente e, quando tudo parecia consumado, ele começou argumentar.
– O senhor é diretor da empresa "The King's Export" e graduado em comércio exterior. Não! Acho que estou com a ficha trocada...
– Não! É essa, mesmo! Eu sou o próprio!
– O senhor negocia com pessoas muito bem qualificadas, então...
– Ah! Sim! Com grandes empresários!
– Certo. Então o senhor é uma pessoa muito bem esclarecida!
– Obrigado!
– Deixa ver se eu entendi...

Nesse ponto, Paul, larga a caneta e para de preencher o termo de rescisão:
– Fazer um intercâmbio cultural não é importante para o senhor!? Pergunta Paul em tom de surpresa e espanto.
– Não! Eu não disse isso!
– Claro que disse! Disse que está muito atarefado no momento. Então não é importante! Se fosse, delegaria tarefas aos subordinados e não perderia tal oportunidade de ampliar seu conhecimento!
– Não! Não é isso!
– Ah! Bom! Eu estava surpreso! Então o motivo da desistência é outro.

A essa altura todos os argumentos do cliente se perderam. Pois usá-los significaria ser uma pessoa não esclarecida, sem noção de prioridades. Voltar atrás sobre a importância do intercâmbio não era possível. Iria se contradizer. Resolve então falar a verdade.
– Bom, na verdade, decidi ir por conta própria, não mais pela agência de turismo.
– Ah! Entendi. Mas diga-me, qual o motivo?

A essa altura o cliente já estava agindo de improviso, totalmente desnorteado. Sem imaginar qual seria a próxima frase que diria.
– Bem, realmente, terei mais liberdade de escolher aonde irei.
– Ah! Entendi! Você julgou melhor desistir de sua viagem cultural e optar por uma simples viagem de lazer.

Paul começa a preencher a rescisão novamente.
– Bem, já que o senhor julga sem importância se aperfeiçoar culturalmente, estou enviando este pedido de rescisão ao departamento de finanças para que os devidos valores lhe sejam restituídos, conforme rege o contrato.
– Moço! Você está me subestimando! Eu sei que é importante eu me aperfeiçoar culturalmente. Simplesmente

vou fazê-lo sozinho, não com sua agência – comenta furioso o cliente.

Paul termina o pedido de rescisão e o carimba. Só falta assinar. A essa altura o cliente adoraria ter uma chance de voltar atrás e provar que se importa com a cultura. Porém, não se humilhará a ponto de pedir isso.

Paul sente o momento e lhe dá a chance.

– Bom, deixe-me esclarecer uma coisa, pois esta é minha responsabilidade dentro da empresa. Nosso programa engloba o que há de melhor culturalmente. Você não perderá um único minuto com coisas sem importância.

E o golpe de misericórdia:

– É por isso que os mais bem conceituados empresários e líderes deste país viajam e mandam os filhos para estudar fora usando os serviços de nossa empresa. Sendo assim, me desculpe a honestidade, mas acho pouco prudente de sua parte desistir deste plano, pois perderá tempo buscando informações e não saberá de todos os lugares maravilhosos que podem ser visitados. Portanto, se quiser podemos ainda manter o contrato.

– Pois é... Eu estava pensando. Eu não tinha entendido muito bem os benefícios que estarei recebendo. É certo que sairá mais caro, mas será muito mais proveitoso.

– Isso mesmo!

– Sabe! Você tem razão! Vamos manter o contrato.

Assim, o cliente foi mantido. Consegue entender isso, Dhay?

– Sim! Com certeza! Porém, pôr em prática é outra coisa. E o que me chamou a atenção foi que o Sr. Paul não usou de muitas palavras para convencer o cliente. Simplesmente deixou-o falar e o apanhou em seus próprios argumentos.

– Certo! Parabéns! Este é o ponto. Quem muito fala, não consegue manter segredos. Abre assim a guarda para que o outro lado ataque. Falar muito é o grande defeito da

maioria das pessoas e, cá entre nós, que chato ter que aturar um tagarela!
– Com certeza!
– Outro ponto importante é sabermos analisar o ponto de vista alheio. Entender por que a pessoa pensa daquela forma, porém esta é uma tarefa difícil.
– Certo! Então saberemos melhor como agir.
– Exato. Certo dia estava um cidadão procurando uma casa para alugar. Só havia um problema! Ele havia deixado de pagar um débito e estava com seu nome no sistema de proteção ao crédito, mas ele era honesto e pagou a conta assim que pôde e assim superou a dificuldade financeira momentânea. O fato é que não conseguia locar um imóvel, pois as imobiliárias consultavam o cadastro e, vendo que era devedor, não locavam. Descobriu quem era o dono de uma casa que lhe interessava e foi conversar com ele. Antes, porém, analisou os motivos pelos quais o proprietário não locaria para ele se não fosse através da imobiliária. Concluiu ser por medo de não receber o aluguel, de ter seu imóvel danificado e ter que arcar com as despesas. Sendo assim, chegou ao proprietário e lhe comunicou quem era, onde trabalhava, etc. Então lhe apresentou algumas cartas de referência com telefones para contato. Explicou-lhe que entendia os motivos pelos quais não locaria o imóvel diretamente para ele, mas explicou, contudo, que não pretendia passar por toda a burocracia da imobiliária, sem contar o fato que como era novo na cidade, não tinha fiador e também não gostaria de ter que pagar as taxas devidas à imobiliária. Tudo isso explicado de forma humilde e mais as cartas de referência lhe possibilitaram locar o imóvel sem que seu crédito fosse consultado. Mas algo importante foi que todos os argumentos utilizados eram reais. Ele não mentiu. Sabia que a mentira, mais dia menos dia, lhe prejudicaria.

– Mas diz uma coisa, ser iluminado! Isso tudo funciona tão bem, na prática?
– Sim! Parece irreal, mas a mente humana é muito previsível. As pessoas mais bem sucedidas são as que sabem lidar com ela e deixe-me alertá-lo: não use esse poder para o mal. Jamais o use para prejudicar pessoas, porque existe uma lei que rege o universo. É a lei "bumerangue", tudo que fazemos volta multiplicado para nós.
– Pode dar um exemplo?
– Sim! Se você ajuda as pessoas com quem convive, quando precisar terá ajuda. Caso contrário, no momento que precisar lhe virarão a face. Se você conseguir lucros ilícitos, um dia será descoberto e estará liquidado. Se trabalhar honestamente um dia alcançará o sucesso.
– Cara! Você é um gênio!
– Não! Não sou! Sou um ser iluminado.
– Por que nunca parou para conversar? Só dava a mensagem e sumia...
– Você não estava preparado. Fazia perguntas tolas.
– Ai! Ai! Ai! Melhor eu ficar quieto.
– Não! O que ia perguntar é algo sensato.
– Como sabe? Nem pedi ainda...
– Li sua mente. Os seres humanos são previsíveis.
– Como faz isso?
– Os olhos das pessoas são as portas para o cérebro. A resposta para a pergunta que ia fazer é "não". Não precisa morrer para obter o poder ilimitado. Basta dominar sua mente e terá todo o poder. Se dominar totalmente sua mente, fará tudo que imaginar!

Dhay, que estava em pé, caiu sentado.

– Você lê pensamentos! Como posso dominar 100% a minha mente?
– Pergunta errada!
– Desculpe! Não se vá!

– Não irei! Visitar você com frequência daqui em diante. Em breve dominará os segredos da mente.

– Nem vou questionar.

– Não! Não vai, pois é sábio demais para perder tempo.

– Me ensina mais!

– Quando alguém lhe tratar com desrespeito, não revide. Lembre-se que ele tem motivos para tal, apesar de não ter o direito de descarregar a ira sobre os outros. Tente entendê-lo. Trate-o com simpatia e respeito. Ele acabará se acalmando, se desculpando e passará a admirar você. Agindo assim ganhará um forte aliado, um grande amigo. Se retribuir os insultos, granjeará um inimigo. Bem disse Jesus Cristo: "Deveis amar vossos inimigos".

– Competir com os outros significa não amá-los?

– Depende o que competir significa para você. Tentar ser melhor que o próximo é extremamente saudável. É um estímulo para melhorar. Isso ajuda a superar limites. Porém, tentar atrapalhar o próximo para ser pior que você é agir estupidamente. Tornar-se-á um perdedor e ainda atrapalhará o crescimento do próximo.

– Isso tudo que estou aprendendo é tão bom! Porém, às vezes tenho medo de enfrentar as situações do dia a dia. Viajar o mundo atrás de tesouros tem sido uma prova de fogo.

– Isso é natural do ser humano! Vou lhe ensinar um segredinho. Sempre que tiver uma situação difícil a resolver, não adie. A situação é sempre mais fácil do que parece ser! Erga a cabeça e vá à luta!

– Ok, você está certo.

Lembro-me que um certo dia tinha que cortar a grama do jardim. Delonguei por um mês. Parecia uma floresta. Minha mulher, cansada de esperar, pediu ajuda aos amigos. Fiquei envergonhado! Duas semanas depois, *criei vergonha na cara*, peguei o cortador e aparei a grama. Foi fácil! Em certos momentos até divertido. Sofri bem menos que o sofrimento mental que tive procrastinando. Pensava todos os dias: "Terei que cortar a grama, terei que cortar a grama."

A morte é inimiga engenhosa, nos leva geralmente em um segundo e na maioria das vezes a pessoa nem sofre, porém nos atormenta a vida toda. Nunca deixa de voltar ao nosso pensamento. Assim é o medo. Nos tortura psicologicamente e só nos deixa quando enfrentamos a situação que nos é imposta.

– E ao liderar... Como devemos repreender uma pessoa de forma que ela aceite a repreensão com bom ânimo?

– Repreenda em forma de dica. Por exemplo: "Tenho que lhe dar os parabéns pela forma simpática que trata nossos clientes. Com certeza isso nos rende muitos outros. Continue assim... Estou muito feliz com seu jeitinho de ser. Por isso vou lhe dar uma dica para que possa cativá-los ainda mais. Mantenha o fichário sempre em ordem alfabética e todas as fichas guardadas após o uso. Assim os clientes admirarão você não só pela simpatia, mas também pela organização.

– Tá bom! Obrigado pelo conselho.

– O que é isso! Não agradeça! É meu dever ajudá-la no que for possível, afinal você é tão dedicada! Você merece!"

Desta forma elevou-se o moral da secretária e, ao mesmo tempo, cobrou-se o trabalho que estava sendo mal feito. A secretária com certeza cumprirá seu dever de forma prazerosa para se sentir útil e ser elogiada mais vezes.

– Como podemos identificar possíveis líderes na equipe?

– Para identificar um líder em potencial, observe a quem os colegas buscam quando precisam de ajuda. Ali está o líder nato. Ser líder está dentro de nós. Já nasce com a gente. Se quer saber quem será líder no futuro, olhe para as turminhas de crianças e verá que sempre tem um que é respeitado e suas opiniões são acatadas. Normalmente só há um líder na turma, pois, sendo ainda crianças, não sabem agir em equipe e um tenta ser mais forte que o outro. Um dos dois acaba saindo da turma. Isso acontece até entre os animais. Sempre há um líder no grupo. Se um animal mais forte chega, destrona o outro e passa a liderar o grupo.

– Numa empresa, isso é negativo. Ou não?

– Sim. Líderes devem viver em harmonia e se ajudar mutuamente. Assim todos crescem. Se a empresa vai bem, os salários podem ser aumentados, filiais abertas, e novos cargos de lideranças são disponibilizados. Por isso temos que trabalhar sempre para gerar novos líderes.

Existem dois tipos de líderes: Aqueles que lideram mas não formam novos líderes e os que lideram e sabem como aperfeiçoar os funcionários para que se tornem líderes.

Este segundo tipo é excepcional, pois em breve terá outros líderes liderando outros subordinados que estarão a seu dispor. Assim a empresa adquire estrutura para crescer.

Muitas empresas vão à falência por falta destes elementos em diferentes departamentos e assim a empresa vai crescendo e chega num ponto que se perde o controle e aí já era!

O líder verdadeiro sempre ouve antes de falar. Porém, os que falam antes e muitas vezes nem deixam os outros falarem são líderes falsos. Não irão muito longe. As posições mais altas não estarão disponíveis para eles. Pois os resultados que obterão não justificarão sua ascensão.

Gosto de líderes que dão exemplo de trabalho e são motivadores. Mas os que só mandam não são líderes verdadeiros.

– Mas eles não devem delegar os trabalhos?

– Sim! Com certeza! Mas isso não significa ficar de "papo pro ar". Existem tarefas que são importantes demais para se delegar para qualquer subordinado, mas deve-se delegar tudo que for possível. Assim o subordinado terá a chance de se aperfeiçoar e se tornar um líder. John F. Kennedy bem disse: "Não peça o que seu país pode fazer por você. Peça o que você pode fazer por seu país".
– Ele foi um grande sábio.
– Gosto de ser chamado de sonhador. De ouvir meus filhos e mulher me dizerem: "Acorda! Põe os pés no chão!"
O verdadeiro líder primeiro sonha, depois busca meios para realizar o sonho. O perdedor busca as pessoas e só então, embalado pelos sonhos dos outros, passa a sonhar com migalhas do sonho alheio. Vai na sombra dos outros. Se não acha um líder verdadeiro que lhe plante um sonho e o ajude a buscá-lo, jamais realizará coisa alguma.
– Fascina-me a determinação e capacidade de sonhar, bem como a fé para realizar o sonho de um homem chamado Adolph Hittler. Pena que usou seu poder para o mal. Poderia ter sido grande como Gandhi e até mesmo mais.
– Sim, Dhay. Sonhar é o princípio da realização. Temos paixões na vida e sonhamos em realizar. Então lutamos e alcançamos a realização.
– Bem disse Nézio José da Silva: "Nossas paixões nos tornam o que somos".
– Meu coração quase não se conteve ao ouvir os sonhos de Marcos Groth. Certo dia lhe perguntei qual era seu sonho profissional e me respondeu: "Ter a maior rede de ensino de idiomas da América Latina". Ulalá! Tem hoje uma única escola em Curitiba, capital do Paraná, Brasil. Tenho minhas dúvidas se ele não chegará além de seu sonho. Homem determinado é ele! Tenho certeza que conseguirá! Porém, deixe que lhe diga, é prestativo, inteligente e trabalhador.

Nesse momento o Sr. Robinson bate a porta e o ser iluminado desaparece.

– Dhay, por que está em Salt Lake?

– Não sei! Busco um grande líder e senti que devia vir para cá. Tem um grande e sábio líder aqui?

– Depende que tipo de líder você busca...

– Não sei... Busco o mais sábio de todos!

– O mais sábio está nos céus! Contudo, há aqui um representante Seu na terra! garanto ser o maior e mais sábio de todo o mundo, na atualidade. Porém, poucos sabem. Nele a mão de Deus repousa! Este homem é um profeta de Deus!

– Um profeta!? Vivo? Mas... Não... Bem... Quer dizer...

– Dhay! Escute! Não sei por que busca um líder. Mas se busca um grande líder, este é o maior de todos.

– Onde posso encontrá-lo?

– No Templo sagrado! Ele é meu amigo e posso apresentá-lo a você.

No dia seguinte, Dhay foi apresentado ao profeta e seu coração exultava de alegria! A paz que sentiu foi indescritível. Suas palavras jamais saíram de sua mente. Havia se transformado. Já não se sentia um simples mortal. Sabia agora o valor do amor. Sabia que era infinitamente pequeno se comparado ao criador, mas sabia também que poderia se tornar como ele um dia, após a morte. Havia enfim achado o penúltimo tesouro. Só faltava um.

Pontos a ponderar

– Um ato ou uma palavra pode mudar o destino de um homem.
– Não creio no acaso. Tudo tem um porquê.
– As grandes oportunidades aparecem quando agimos contra a lógica.
– Temos que ter atitudes dignas de admiração para com o presidente de uma corporação, bem como para com o engraxate.
– A arrogância dos líderes leva muitas empresas à falência.
– O sucesso é como um jogo de cartas. Nem sempre depende de boas cartas, mas de como jogamos com as ruins.
– O sucesso está dentro de você. Trabalhe para conquistá-lo e o obterá.
– Normal do ser humano é não assumir as próprias culpas, mas atribuí-las ao próximo.
– Assuma suas responsabilidades, suas glórias e derrotas, bem como eeus erros e trabalhe duro, então será vencedor.
– A todo momento, rajadas de pensamentos passam por nosso cérebro (Nézio José da Silva).

– Um provérbio chinês diz: "Um homem sem um rosto sorridente não deve abrir a loja".

– Nossa felicidade é do tamanho que a imaginamos em nosso subconsciente.

– Assim disse Shakespeare: "Nada é bom ou ruim. Nosso pensamento assim o torna".

– Tenha sempre em mente o seguinte: "Só o melhor é aceitável".

– Seja sempre honesto e se errar desculpe-se, assim será reconhecido como grande entre todos.

– Quando mandar exija o comprimento da tarefa com firmeza, porém no momento seguinte esteja sorridente e receptivo.

– Mostre certeza no que faz. Isso transmite segurança aos subordinados.

– Ouvir é algo que poucos sabem. Só os verdadeiros líderes conseguem desenvolver esse dom.

– Sempre analise os prós e contras de qualquer decisão, antes de tomá-la.

Epílogo

O ser humano bem sucedido

Dhay sabia... Agora estava próximo do objetivo. Chorou de emoção! Faltava apenas buscar o "ser humano bem-sucedido". O último tesouro! Planejou então pedir Lyn em casamento!

– O ser iluminado lhe apareceu! Deitado na cama de hóspedes na casa de Lyn, levou um susto com a aparição repentina do ser iluminado, que lhe falou!

– Dhay! Presta atenção! Estás próximo do objetivo! Em breve terás o poder que buscas! Falta bem menos do que imaginas! Porém, algo que tens a fazer te quebrará o coração.

– Vai fundo... fala aí.

– Para alcançar o poder ilimitado terás que esquecer Lyn. Não podes ter esse conhecimento se teu coração for entregue a uma simples mortal.

– ...

– Existem coisas inferiores e coisas superiores.
Havia um eremita que vivia em uma caverna. Só saía à noite. Certa ocasião tentou sair ao dia, mas seus olhos acostumados com a escuridão encontraram-se diretamente com o sol brilhante e quase ficou cego. Desde então, nunca mais tentou sair durante o dia. Nascera nas trevas da caverna e assim optou por morrer. Um dia, porém, um

cavaleiro solitário por ali passou e derrubou uma caixa de fósforos. O eremita, depois de meses, achou uso para os palitos diferentes que havia encontrado. Todo o dia riscava um. Queria ver os detalhes da caverna até então ocultos. Certo dia, por acidente, meteu fogo nas palhas de sua cama. Toda a gruta se iluminou. Aplaudiu de pé. Colocou gravetos, galhos, troncos! Não deixou que o fogo se apagasse! A luz de um único palito não mais lhe satisfazia. Seus olhos, agora acostumados com a fraca luz do fogo, suportaram a luz de um dia nublado fora da caverna e, quando o sol apareceu tímido entre as nuvens, seus olhos já acostumados com a claridade parcial suportaram aquela nova porção de luz. Seus dias de trevas haviam acabado!

– O que isso quer dizer?

– Quer dizer que o ser humano é acomodado. Condiciona-se a algo e não quer abdicar daquilo que tem, até descobrir que comer manga é melhor que comer limão. Certo dia descobre que um banquete é melhor que a manga e a manga já não lhe satisfaz. Tu venceste muitas provações e hoje tens todo o conhecimento que precisas! Só falta sair para a luz!

– Como faço para sair para a luz?

– Primeiro, volte ao Brasil. Sozinho!

– Posso ficar mais uma semana?

– Pode. Porém, lembre-te que o pêssego depois de maduro apodrece em apenas um ou dois dias! Não chores os erros cometidos. Existem coisas irremediáveis, como a morte. Uma vez consumadas, nada mais se pode fazer.

– Quando seria sábio eu partir?

– Amanhã à tarde! Estás prestes a ver a luz do sol!

Francisco Beltrão, Brasil

Dhay tirou alguns dias para descansar. Um mês

depois, dirigiu-se ao teatro "O Espaço da Arte", no mesmo em que anos antes havia assistido à palestra de Edgar Farinon, porém com uma grande diferença. Agora o palestrante seria ele, dali a três dias e com direito ao aperto de mão do prefeito da cidade e demais lideranças. Dhay estava um pouco confuso. Seu pai havia marcado a palestra sem lhe comunicar. Confiava no filho e tinha o hábito de lhe "empurrar" os compromissos. Dhay acabava correspondendo com a expectativa de seu pai.

– Nervoso, Dhay?

– Não, pai... estou extremamente calmo. Adoro suas surpresas – ironizou Dhay. – Nem sei o que falar na palestra!

– Sugiro falar sobre o que aprendeu. Não sobre o que viu!

– Por que isso, pai?

– Porque hoje você é um homem sábio, dois dias foram suficientes para perceber isso! Estou muito orgulhoso de você! Por isso marquei a palestra. Vai ajudar muita gente nesta cidade.

– Falar em público me amedronta, nunca falei para muitas pessoas ao mesmo tempo.

– Lembre-se que nem mesmo o prefeito sabe sequer a metade do que você sabe. Você é como um professor em uma sala de alfabetização. Lembro de um dia que fui chamado para discursar na igreja. Preparei o tema e estava tremendo ao subir ao púlpito. Antes de iniciar o discurso olhei nos olhos de alguns dos fiéis e me dei conta então que eram pessoas comuns, em grande número, mas comuns. Discursei e saí do púlpito. No final, vários líderes vieram me parabenizar por ter abordado o assunto com tanta profundidade.

– Tem razão. Para quem viajou o mundo, o que é falar para algumas centenas de pessoas do interior!

– Aí, filhão!

Teatro Espaço da Arte

– Me enaltece estar aqui hoje. Tantas culturas conheci e muitos homens sábios. Aprendi muitas coisas, mas algo importante foi entender que **viver a situação é a melhor maneira de entender o ponto de vista dos outros.** Quero dizer que, se quisermos saber como é sentir a dor de dilacerar um dedo, só dilacerando um. Não há outra maneira. Nem tampouco podemos saber o sabor de uma fruta só por explicações. Temos que prová-la. Isso me ensinou a pôr em prática um ditado indígena: "Nunca julgue o irmão sem antes ter andado algumas milhas em seus mocassins".

Também vi muito sofrimento e perda de oportunidade por causa da procrastinação. Devemos agir já. **Adiar impede as pessoas de desenvolver seu potencial máximo.** Bem disse Benjamim Franklin: "Não deixe para amanhã o que pode fazer hoje!"

Vá! Faça agora! Porém, **lembre-se que em tudo que fazemos devemos buscar a perfeição. Devemos produzir obras-primas!** Devemos sempre nos autocriticar de forma a melhorar-nos, bem como sermos suscetíveis a críticas alheias. Não digo aceitar todas, mas analisá-las e ter a coragem de admitir estar errado e mudar quando errado estiver. Porém, tome cuidado ao criticar. Pode ser fatal para uma amizade ou para sua carreira. Cito outra frase de Benjamin Franklin**: "Não falarei mal de homem algum e falarei tudo que de bom souber de todos!"**

Muito me preocupa a forma que agimos, pois o tempo passa e não volta mais. É lamentável, gastar tempo com coisas banais. Só tolos gostam de fazê-lo. Gaste seu tempo com coisas úteis! Gosto da frase do dr. Samuel Johnson, escritor inglês. **"O hábito de olhar cada acontecimento bom vale mais que mil libras por ano"**.

    Lembrem-se, vocês que estão oprimidos e desanimados, nunca é tarde para recomeçar! Jamais cometa o erro de gastar seu precioso tempo jogando, bebendo, assistindo TV, etc. Estas coisas são para momentos de lazer, não para preencher o dia todo. Em um mundo que já existe há milhões de anos, vivemos menos de um século! Viva sua vida intensamente, portanto! Muitos são os que vi desistirem ante um fracasso. Cada fracasso nos leva mais próximo do sucesso, pois para fracassar temos que errar e cada erro nos serve de aprendizado, então cada vez que erramos aprendemos algo que devemos fazer diferente da próxima vez. Aprenda a persistir e erguer-se sempre que cair. Aprenda a vislumbrar as coisas boas, pois o ser humano tende a ver tudo de ruim que existe! Temos a tendência de lembrar do que nos falta e esquecer de desfrutar o que já conquistamos.

    Não suporto pessoas ranzinzas e reclamonas, que se queixam de tudo. Que acham que nada têm. Se você é desse tipo, lhe pergunto: venderia, seus olhos ou pernas, para obter tudo que deseja na vida? Não!? Então quer dizer que seu maravilhoso corpinho vale mais que tudo nessa vida? Do que reclama, então? Não se sente envergonhado? Vi muitos reclamarem por terem que usar chinelos; eu particularmente gosto muito. O que então me diz dos pernetas? Não dariam eles tudo para poderem andar descalços? Cara, você é um vencedor! Só o fato de ter nascido já o faz um vencedor! Quantos milhões de espermatozóides acabaram a vida no momento que você atingiu o óvulo? Naquele momento, literalmente, vencemos uma corrida contra milhões? Você é capaz de tentar vencer milhões hoje aqui? Não? Não é capaz de vencer o próprio desânimo? Então você é um fracassado! Erga-se, liberte-se, vá à luta e vença de novo! Está na hora de aprendermos a nos valorizarmos e a valorizar o próximo. Uma pessoa que se sente valorizada é capaz de transpor os mais altos obstáculos. O elogio sincero amolece até um coração de pedra!

Dale Carnegie em seu livro "Como Fazer Amigos e Influenciar Pessoas" conta a estória de certo menino traquina chamado Tommy. Era problema na escola. A nova professora da turma, a sra. Hopkins, resolveu por fim ao problema. Começou elogiando os alunos por seus feitos. Disse ela: "Rose, lindo vestido o que você está usando! Aline ouvi que você desenha muito bem! Tommy, soube que você é um líder excepcional, vou precisar de você para tornar esta a melhor turma do ano!" Passou a elogiá-lo então por tudo de bom que fazia, deixando-o saber que o julgava um bom aluno e ele não a decepcionou.

O sábio conselho de Dale é que devemos atribuir a outra pessoa uma boa reputação, para que ela sinta interesse em mantê-la.

Assim como elogiar e fazer a outra pessoa se sentir útil ajuda-a dar o máximo de si, criticar negativamente destrói a autoestima. Chame alguém de incapaz e provavelmente esta pessoa assim se sentirá e agirá como tal. Salvo uns poucos que tudo farão para provar o contrário. Estes têm grandes chances de vencer.

Contou certa vez o palestrante Edgar Farinon que havia trabalhado em uma empresa e que lá havia um funcionário que pouco produzia. Provavelmente seria demitido. Começou a conversar dia após dia com este e descobriu que ele não se sentia capaz de realizar o trabalho para o qual fora designado. Isso porque seu líder o criticava cada vez que não gostava dos resultados. Edgar começou a comentar tudo de bom que observava na maneira que ele fazia o trabalho e sugeriu mudanças nos pontos falhos, lembrando sempre que o fazia porque sentia que ele tinha um potencial excepcional a ser desenvolvido. Elogios e conselhos dia após dia, o funcionário passou a se sentir competente e ver que, na verdade, o seu superior reclamava de tudo e de todos, era um fracasso como líder! Tornou-se então um dos melhores funcionários da empresa e logo subiu de posto. Logo era superior de seu ex-líder. Sabem por quê? Porque ele acreditou que podia! Porque ao ser elogiado percebeu que tinha capacidade para desempenhar as funções para as quais era chamado.

Outra tática de liderança eficaz é ser simpático, cordial e honesto. Os subordinados para serem eficientes têm que amar e confiar no líder.

Seja, acima de tudo, o pai, a mãe, o amigo do subordinado e este não medirá esforços para cumprir com eficácia a função que lhe foi atribuída. Quando tiver que repreender o subordinado, faça-o, porém não em tom grosseiro. Faça-o com determinação, porém sem transparecer ira. Aponte o erro e em seguida o caminho a seguir para não errar mais. Se necessário repetir a explicação, faça-o com prazer. Lembre-se que o funcionário não é seu escravo, mas alguém que lhe vende os serviços. Trate-o como quer ser tratado, afinal o funcionário não é nada sem o patrão e o patrão não é nada sem o empregado.

Na área das finanças nunca esqueça que as grandes economias são feitas economizando nas pequenas coisas. Cito como exemplo o telefone, a água, a energia elétrica, etc.

Porém, remunere seus funcionários da melhor maneira que puder, pois funcionário bem pago tem um forte incentivo para trabalhar com mais afinco. Porém, se ganhar bem é estimulante, ganhar pouco é altamente desmotivante.

Não espere ter bons funcionários, por muito tempo, se os remunera mal. Funcionário ocioso deve receber o que merece, assim como o trabalhador. **"A cada ser humano seja dado segundo seu valor."** Uma boa maneira de fazer isso é, além do salário, dar gratificação mensal por desempenho. Assim estará pagando mais a quem merece e incentivando todos a terem melhores resultados.

Uma ótima forma de dar ordens é pedindo e não mandando. Algo tipo: "Fulano, pode fazer o favor de...". Isso alegra o funcionário, por estar sendo tratado como amigo e não como um simples funcionário.

Quando possível, reúna sua equipe para um momento de lazer, por conta da empresa. Isso faz com que os funcionários gostem do líder e também da empresa, mas sempre sem exagero, não os impossibilitando assim de passar parte do tempo com a família. Um momento ideal é quando eles atingem as metas mensais da empresa. Assim todos comemoram juntos e se sentem motivados a bater metas novamente nos meses seguintes

Evite chamar a atenção de um funcionário de forma ríspida na frente de um cliente ou colegas de trabalho. Isso é humilhante e envergonha-o. Cria um sentimento de desprezo pela pessoa do líder e um sentimento de insatisfação para com a empresa. Com esses sentimentos um funcionário jamais dará o máximo no seu serviço.

Exalte o funcionário na frente dos outros, sempre que ele merecer e este fará o possível para corresponder aos elogios e consegui-los novamente.

Nem todos aqui são empresários e por isso falo agora um pouco a você como cidadão da sociedade.

Inicio lembrando-os que sempre há alguém nos observando. Vendo o que dizemos e o que fazemos. **Nossos atos e palavras podem influenciar toda uma sociedade. Portanto, que nossas palavras e ações sejam dignas de serem tomadas como bom exemplo.** Quando estiver falando com alguém, seja construtivo, sempre elogie o que tiver que elogiar e abstenha-se de criticar terceiros. Se o interlocutor criticar alguém, limite-se a só ouvir e, se conhecer a pessoa criticada, cite duas coisas boas que vê nela. Se as críticas se estenderem, discretamente, mude de assunto. Se isso não resolver, é melhor sair de fininho.

    Sempre mostre uma fisionomia alegre. Se olhe no espelho e verá qual a melhor postura. Uma fisionomia alegre ajuda a cativar as pessoas e consequentemente fazer amigos e fechar negócios.

    Jamais entre em discussão para forçar outra pessoa a pensar como você. Não o conseguirá desta maneira. Exponha seu ponto de vista uma única vez e não discuta o assunto, a menos que a pessoa esteja aberta para o diálogo. Entrar em discussão é um belo jeito de arranjar inimigos.

    Evite ser um estorvo para o próximo se fazendo presente em ocasiões para as quais não foi convidado, ou ficando além do tempo previsto em ocasiões que foi convidado. Enfim, use de bom senso.

    Sempre demonstre otimismo e aja com otimismo, mesmo em situações difíceis. Não reclame dos problemas, mas ache pontos positivos nas desilusões. Jamais curve a cabeça. Seja senhor da situação. Não se deixe abater. Pessoas que conseguem fazer isso são as que se sobressaem sobre as outras e são bem sucedidas na vida.

    Para finalizar, gostaria de lembrá-los que nada cai do céu.

    Ninguém enriquece de uma hora para a outra. Ninguém passa a ser admirado de repente. Tudo se constrói passo a passo. Grandes amigos se adquirem através de pequenos gestos, dia após dia. Grandes riquezas se conquistam com excelência no trabalho, dia após dia. Engana-se quem acha que com desonestidade conquistará o mundo. O trabalho desonesto é a face do fracasso. Pois, uma vez desacreditado, amém para o cidadão.

Muitos já me perguntaram o que é o sucesso. Sempre respondo que o sucesso pode ser mendigar pela rua ou ser dono da maior riqueza do mundo. Pode ainda ser: casar e ter uma "penca" de filhos ou viver solteiro e independente. O sucesso pode ser alcançado em qualquer situação. Depende do ponto de vista de cada um. **O sucesso só é sucesso se assim o considerarmos.** De nada adianta sermos considerados heróis nacionais se nos sentimos fracassados. O sucesso está dentro de você. Faça o que lhe é prazeroso e será uma pessoa de sucesso. O sucesso só existe na mente das pessoas. Por isso lhe digo: se você está infeliz com o que faz, é um fracassado. Mude já! Descubra o que lhe é agradável e faça-o e terá encontrado **o segredo do sucesso**, porque ele **está dentro de você!** Bem como o poder ilimitado está em você.

O sonho é o embrião da realização. Por isso sonhe! Tenha orgulho de ser chamado de sonhador. Sonhe e então trabalhe com afinco para tornar seu sonho realidade. Sonhe, porque **o mundo só é o que é porque cidadãos como você e eu ousaram sonhar!** Sonhe e ignore os pessimistas. Os fracassados que o ridicularizam porque você acredita num sonho, porque acredita num ideal. Por não serem capazes, tentam torna-lo tão miserável quanto eles próprios. Sonhe, pois sonhar é um atributo singular dos vencedores!

Dhay voltou para casa feliz. Havia proferido uma palestra para centenas de pessoas e recebera aplausos muito fortes. Ao final, celebridades lhe apertaram a mão, em agradecimento pela palestra proferida.

À noite, quando se preparava para dormir, o ser iluminado lhe apareceu.

– Parabéns! Conseguiste todos os tesouros! Estou feliz por ti!

– Não! Falta o último! O ser humano bem-sucedido.

– Não o achaste!?

– Não... Achei? Não me lembro...

– Dhay... Como te sentes?
– Uau! Realizado! Falei na palestra sobre o sucesso! Minha vida é um sucesso para mim!
– Que bom... me diga... Com relação ao último tesouro... onde poderia estar? Quem poderia sê-lo?
Dhay pensou por apenas 2 ou 3 segundos. Seus olhos brilharam.
– Eu sou o ser bem-sucedido! Tornei-me um, dia após dia! Eu sou o último tesouro! É isso?
– Claro! Parabéns! Agora é chegado o momento de usar teu conhecimento em benefício dos outros. De nada vale nosso conhecimento se este não for compartilhado. O poder ilimitado está dentro de você, é só desenvolvê-lo. **Tudo o que pensamos com convicção, se acompanhado da ação, se torna realidade. Seja isso bom ou ruim. A mente humana é o que há de mais poderoso em todo o plano material e espiritual. Só precisamos aprender a usá-la. Mentalize algo e se convença que aquilo acontecerá e trabalhe por isso e assim será.**

– Viva princípios de retidão plena. Busque maior conhecimento das leis espirituais que regem nosso universo.

Tu poderás sair agora pelo mundo ensinando para que outros adquiram o conhecimento que conquistaste.

Tenha ciência que foste escolhido para transformar a vida das pessoas e torná-las melhores. Cada um dos tesouros que adquiriu deverá ensinar a todos que se mostrarem sedentos de conhecimento. Aqui tu venceste a primeira fase de teu desenvolvimento. Passaremos agora a desenvolver o teu poder mental de forma a obter coisas que o mundo considera sobrenaturais, tu desenvolverás a partir de agora o poder do teu subconsciente.

Dhay decidiu então que enquanto era ensinado nesta segunda fase sairia pelo mundo ensinando através de palestras. Daquele dia em diante tudo faria para tornar este mundo um lugar melhor para se viver. Tentaria transformar este mundo num pedacinho do céu para todos que estivessem dispostos a aprender com ele. Entendia agora que havia ingressado na busca do triunfo, busca que duraria por toda sua vida.

Daquele momento em diante, cada dia de sua vida seria dedicado ao aperfeiçoamento no uso de cada um dos tesouros encontrados e teve a certeza que estava pronto para conquistar muitos outros tesouros. E cada um deles seria repassado a quem demonstrasse interesse em crescer. Havia recebido a visita do ser iluminado e agora, mais que o desejo, tinha a responsabilidade de dedicar seus dias ao ensino de todos os que estavam empenhados na busca do triunfo.

Fim

Todo o fim encerra em si próprio um novo começo.

Em breve nas livrarias, novas aventuras de Dhay em ***"Uma Aventura ao Subconsciente".***

Pontos a ponderar

– Passar pela situação é a melhor maneira de entender o ponto de vista dos outros.
– Adiar as coisas impede as pessoas de desenvolverem seu potencial máximo.
– Lembre-se que em tudo que fazemos devemos buscar a perfeição. Devemos produzir obras-primas!
– Não falarei mal de homem algum e falarei tudo que de bom souber de todos (Benjamin Franklin).
– O hábito de olhar cada acontecimento bom vale mais que mil libras por ano (Dr Samuel Johnson).
– Devemos atribuir a outra pessoa uma boa reputação para que ela sinta interesse em mantê-la.
– A cada ser humano seja dado segundo seu valor.
– Nossos atos e palavras podem influenciar toda uma sociedade. Portanto, que nossas palavras e ações sejam dignas de serem tomadas como bom exemplo.
– O sucesso só é sucesso se assim o considerarmos.
– O poder ilimitado está dentro de você.
– O sonho é o embrião da realização!

– O mundo só é o que é porque cidadãos como você e eu ousaram sonhar!

– Tudo o que pensamos com convicção pode se tornar realidade, seja isso bom ou ruim. A mente humana é o que há de mais poderoso em todo o plano material e espiritual. Só precisamos aprender a usá-la. Mentalize algo e se convença que aquilo acontecerá e assim será.

Se esta leitura te inspirou, eu adoraria saber! Deixe seu comentário e avalie com 5 estrelas na página da editora! Sua participação é essencial para que esta obra chegue a mais leitores. Muito obrigado!

"Se você deseja receber conteúdos semanais sobre oratória, liderança e crescimento pessoal, siga-me nas redes sociais: @EdgarFarinon."

Nota Editorial

Esta edição foi concebida para existir dentro de um ciclo específico.

Ao longo de sua circulação, manteve intacta sua estrutura, linguagem e intenção.

Seu encerramento marca a conclusão desse percurso editorial.

Leituras futuras seguirão outra forma.

Este caminho, tal como apresentado aqui, não será repetido.

Bibliografia

As citações feitas ao longo do livro foram descritas no momento em que foram citadas e tiveram por base como anteriormente descritas:

O Livro de Mórmon
Doutrina e Convênios
A Bíblia
Brigham Young
São Gerônimo
Wangari Maathai
Joe Couder
Dale Carnegie
Borghild Dahl
Lindolf Bell
Rudimar Olkoski
John Wannamaker
Benjamin Franklin
Joseph Murphy
Samuel Johnson
Schopenhauer
Shakespeare
Nézio José da Silva
Loreci Ribeiro Farinon

Edgar Farinon

www.ingramcontent.com/pod-product-compliance
Lightning Source LLC
Chambersburg PA
CBHW071402210526
45465CB00001B/216